于 一◎著

谁在投机中国

ZHEJIANG UNIVERSITY PRESS
浙江大学出版社

目　录

第四章
罪在谁手

第五章
投机挖掘的金融泥潭

第六章
刺痛实体经济的投机匕首

第七章
疏通游资之路

后 记
投机清单

时代的博弈

……(对于危机)任何单一的解决方案必然是危险的。安慰人们说,未来还是美好的,一切终将光明,不仅是脆弱的一厢情愿,也是另一种逃避。

——许知远

序 言

故事终结于1637年的春天。在持续7年的“投资博傻”(认为一种商品只涨不跌的想法,称为“投资博傻”)之后,荷兰人终于恢复了理性——有人要退出这场荒谬的狂欢,降价售出手中的郁金香,恐慌性的抛售接踵而至。

就在短短几个月前,一株名为“永远的奥古斯都”的郁金香售出了6700荷兰盾的天价——这是阿姆斯特丹运河边一幢古堡的价格。这朵用了7年时间征服了欧洲上流社会的典雅花卉在一夜间成了枯枝败叶。

这就是人类历史上有据可查的最早的投机——“郁金香泡沫”。这段今日看来显然是闹剧的回忆却满是历史的深意。“郁金香泡沫”具备了之后所有投机活动的核心要素和流程——唯利是图、从众效应、理性丧失、泡沫破灭、哀鸿遍野……

就此将其打入十八层地狱，显然是义愤之举。或者，我们可以从这个故事中总结出一些更有意义的东西：荷兰人对现代商业活动的领悟、一种商业文明的雏形。最终的结果是，当他们漂洋过海登上新大陆时，这块被唤作“新阿姆斯特丹”的殖民地继承了这种商业精神。

后来，“新阿姆斯特丹”更名为“纽约”。

荷兰人的投机主义不是成就纽约的唯一因素，还有制度架构、现代金融产品、全球化等环节共同构筑起这个世界上最大的都市和金融中心。

即便投机具有如此活力，但抛开完善的制约因素和制度设计，单纯看待商业投机时，这种无所顾忌的行为也令人感到复杂而不安。

很多年过去了，中国今日的局面与那朵代价惨重的“郁金香”十分相似——或者在疯狂中幻灭，元气大伤以致积重难返，或者在飘摇中建立起一套牢固的制度，从此成为启蒙式的商业里程碑。

这是个充满神秘色彩的话题：要么死去，要么永生。

无疑，此乃整个时代的博弈，对于中国人而言，尤其如此。一面是继续发展的内在要求，一面是失去节制的金钱泛滥必然导致的社会心理问题。

发展不能舍弃，问题也无法避免，任何多元化解决的方案都围绕一个核心——在发展与问题的博弈中，找到商业社会的最佳均衡点。然而我们最严重的误区正在于，总是从一个极端走向另一个极端：与商业的彻底禁绝，演变为不择手段的疯狂逐利。殊不知，那个一直缺位于我们国家的均衡点才是时代的真谛。

这场旷日持久的博弈，以无远弗届的力量将每个个体纳入其中，也必然需要每个个体参与博弈的过程。

博弈，在2010年达到峰谷，用很多观察者的话来讲，这是“尊严大气却又屈辱难平的一年”：象征大国崛起的几场盛会再度为我们的国家增添了不可思议的光彩，同样不可思议的是农产品价格的飞涨、骇人听闻的房价倍增、股市的乍暖还寒、闻所未闻的“天才式”炒作技巧、愤怒无奈却找不到原因的普通公民……

世间当然没有无来由的爱恨——危险的本源之一，正在于投机。

庸俗主义的投机，即是低价买入，通过炒作将价格做高，尔后卖出，从中渔利；而我们应当注意的是，除了这种狭隘的理解，更包含精神领域的疯狂投机：有人断言，缘何中国人拍不出好看的电影，很简单，导演没耐性也没时间完整通读任何一本书，他们的目标只有一个——赚钱。电影有其商业属性，赚钱本无可厚非，然而电影的“故事属性”和“精神共鸣”似乎在仓促的档期中，无一例外地死在了利润的迫切需求下。

如果电影的半死不活还不足以说明社会的投机心理，那么文学和教育的严峻现实足够令人不安了。我们生活在投机战胜一切的“速成时代”，问题的严重性可能已超乎我们的想象。

投机，是人类社会永久的话题，在高速发展的时代，几乎是唯一的话题。

我们要做的，并非粉饰太平，并非急功近利，匆忙的答案和无节制的增长是同样荒谬的。我们要做的，是直面那些令人局促不安的困局，尽力对其作出合理而充分的剖析，最后尽量给出具有启发性的参考建议——个体的人是残缺的，但集思广益的结果是无限趋近于完美的。

正如逝去的史铁生所言：“人的残缺，才证明神的完美。”

在我们残缺的个人生活中，造物的完美在于——面临着巨大难题的时代，也是蓄满发展动力的时代；一个最坏的时代，也必然是一个最好的时代。

第一章

投机狂潮：中国热度之怪现状

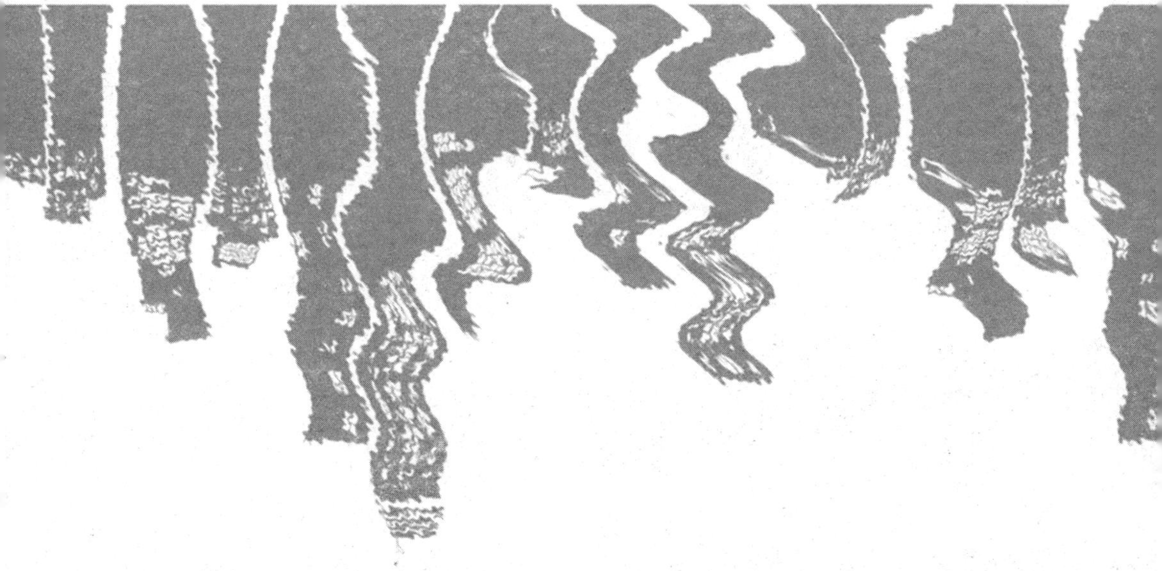

投机，在本质上是一种财富转移手段，并不能创造财富。尽管“钱能生钱”是商业的真理，然而我们似乎陷入了一个怪圈——把一切中间环节简单化为一个无所不能的聚宝盆，将一亿元放进聚宝盆，隔天就能取出两亿元，甚至更多。这个聚宝盆是农产品、房子、股市等目之所及的各类东西，唯独没有需要付出人工劳动的物品。

“投机像山河一样古老”，透过这句简单的评述，足以洞穿人类历史漫长的投机江河。在这条满是血腥和变故的长河中挣扎的人们，即便在失败中饮弹自尽，也依然有无数后来者热衷于这个游戏。因为人的本性不会变，贪婪、沮丧、恐惧、神话，所有极端化的情绪纷纷呈现，而恶报的结局往往一开始就已命定。

涨价猛于虎：农产品变形记

2010年，高歌止息，曲终人散。中国人以无比复杂的心态穿过这个同样复杂的年份，一切皆因"涨"字当头。

我们曾津津乐道于以占全球7%的土地养活全球20%的人口，2010年却让这种自豪感荡然无存：养活人口的粮食，突然间变成了奇货可居的商品，让迈入新商业时代的中国人情难以堪。

各方观点普遍认为，当前全球商品市场陷入普遍货币超发的时代，美元迅速贬值，以美元定价的商品大幅上涨。但这似乎并不是全部真相。

从2009年年底开始，一个危险的征兆已经显现——蔬菜价格一路上扬，此事并非突然降临。2009年年初，雨雪天气就为这个后果埋下祸根。依靠经验判断行情的人们还在翘首以盼，蔬菜价格在春节过后将会出现明显回落，然而，事与愿违，农产品的价格成了推高全年CPI最"给力"的一只手。

雨雪刚过，2009年年中，一场蔓延全国十多个省区的大干旱再次推波助澜。这场干旱从西南地区开始肆虐，其中云南省遭受了60年一遇的旱

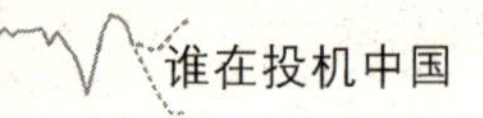

灾，天灾以不可阻挡之势席卷而来。

由于广西、云南是中国食用糖的主要产区，占全国产量的80%，歉收的糖类作物直接将白糖价格推上高点，减产已成定局，无奈国家不断向市场投放储备糖，但糖价难以走出“越抛越涨”的怪圈。根据有关数据，白糖价格在2010年10月份突破6000元/吨，创下了近20年来的新高。

食糖价格猛涨，让中国市场上的糖类获得了“糖高宗”的“美誉”，然而，真正让中国人难以释怀的却是另外两个更夺人眼球的“雅号”——“蒜你狠”、“豆你玩”。纵观全年，每斤大蒜的零售价格最高涨到10元，骇人听闻地贵过了肉价；绿豆价格最高涨到10多元一斤，绿豆汤成了“奢侈品”，连累了那位鼓吹绿豆汤的“神医”张悟本。在张悟本的“绿豆养生”神话被戳破之后，有人将绿豆涨价的成因推给了这位“神医”。

真是大千世界，无奇不有。

在中国民间，自古就有“蒜疯子，姜傻子”的谚语，原因就在于蒜和姜这两种农产品价格多变，无法预测。这本不足为奇，因为蒜头再贵，也没听说过比猪肉还贵。当大蒜的价格超过猪肉时，就表明我们步入了“非常态”模式。

2010年春末，北京市海淀区的刘先生来到小区门口的包子铺时，发现过去桌子上的免费蒜瓣不翼而飞，他被店家告知：“大蒜现在比肉还贵，没法免费了，想吃的话，一块钱一头。”事实上，这不是一种个别现象，此种情况也发生在周围的面条店、饺子店和豆腐脑店。“没办法，大蒜太贵了，7.5元一斤，一斤四五头，顾客每吃一头就2元多钱，而我们包子才卖0.5元一个，最贵的才0.6元。”包子铺老板言语中充满无奈。

物价疯涨，前所未有的迅疾反应击中了曾经反应迟缓的国度。我们在迈入高速发展的甜蜜，同时也将面临牵一发而动全身的一体化时代。

大蒜涨价导致店家的成本上升，商家千方百计减少供应，还导致市民在购买大蒜时，斤斤计较起来。“以前大蒜便宜得很，几毛钱一斤，最贵的时候，也才2块多，现在涨了好多倍。价格这么高，反正大蒜只是调味，还是尽量少用些。”精打细算的家庭主妇们此时“大展拳脚”，以前被男人们调侃的经营生活的才智有了用武之地。

的确，大蒜只是调味品，但现在，居然成为人们望而兴叹的“奢侈品”，以前一块钱能买几头大蒜，现在一头大蒜就要一块钱，这种几乎发生在一夜之间的涨价让人摸不着头脑——我们的市场怎么了？

中国人善于调侃自己的生活，人们说，大蒜涨了，饭店里的蒜头换成了兑水的蒜汁，炸酱面配大蒜可能要换成炸酱面配蒜香辣酱了，烤大蒜比烤鸡翅贵，周立波再也没法嘲笑吃大蒜是乡下人的习惯了，因为大蒜已经成为有钱人才能享用起的了。

对比一下几年前的大蒜价格，就能知道人们缘何无法接受大蒜暴涨这个事实了。

就在短短两年前，中国的大蒜市场并不红火，如同我们听腻了的很多故事一样，这无非又是另一个柳暗花明的套路。当时，大蒜收购价陷于低谷，常年四季处于1元/千克左右，金融危机爆发的2008年，甚至达到了惊人的每千克约一毛钱。从低谷到顶峰的跳动总是能变为人们喋喋不休的谈资，然而，这次，人们再也高兴不起来了。2009年，国内大蒜价格犹如脱缰野马，屡创新高，从谷底的0.1元/千克一路飙升至8元/千克。2009年年末，在全国主要大蒜产地山东，零售蒜价同步上涨40多倍，达到9元/千克左右。而在北京等部分大城市，一些超市的蒜价甚至高达20多元/千克。用“疯狂的大蒜”来形容这年的蒜头，一点都不过分。

直到2010年春末夏初，新蒜上市，加之政府再也不能坐视不管，大蒜的暴涨态势才得以缓解。正当人们松了一口气的时候，绿豆又登场了。

真是一波未平一波又起，事实上，2010年比2009年“更胜一筹”。有无数个“惊喜”等在前面。每年5月,本来就属于绿豆销售旺季,但是2010年的5月却还是有点异常。绿豆价格猛然“发飙”,让人们再次怀疑自己的判断——我们的市场还是正常的吗?

在北京最大的粮油批发市场玉泉路市场,2010年之前的5年里,绿豆价格都没有出现较大波动,均价在6.3元/千克左右,2009年5月甚至还降到5元/千克。不可思议的故事再度上演了,2010年5月,市民们慢慢发现自己被绿豆“吓傻了”——批发均价为16.4元/千克,最高时上涨到18.4元/千克。

卖家也显得很无奈,进货价就是这么高,自己的利润其实并没有多少。另一个值得怀疑的地方是,尽管价格暴涨,绿豆的销售却并不旺盛。也就是说,绿豆并不是因为需求猛增而导致价格上涨,那究竟是谁在操纵绿豆价格呢?

在批发市场上,敬畏于绿豆的高价,很多零售商和经销商不敢进货。在全国最大的杂粮杂豆市场,吉林省扶余县三井子杂粮批发市场此前绿豆的年交易量高达92万吨,但当绿豆价格步步高升时,市场内绿豆的交易却寂静一片。

零售市场就更谈不上供销两旺了,尽管5月份已经进入传统的绿豆消费旺季,但面对天价的绿豆,大部分消费者有心无力。高昂的绿豆价格让很多超市的绿豆销售量相比往年下降大半,抓起一把绿豆看看又放下的顾客们说,“绿豆又不是米饭,价格高了可以不吃”。

尽管民众对于绿豆价格上涨并不买账,但实际情况却是,绿豆的突然暴涨依旧影响了人们的日常生活。最关键的是,这种暴涨“习气”引发了一场杂粮的涨价风:与2009年同期相比,2010年5月糯米价格上涨了70%;黑豆价格从2009年5月的7元/千克,上涨至2010年5月的20元/千克;薏米的价格也由10元/千克上涨到40元/千克,涨幅都在2～4倍。

绿豆“羽化成仙”,相关食品也沾了光,如绿豆芽、绿豆糕、绿豆汤等,价格也随之上扬,一些地区的绿豆汤不仅从1元涨到2元,而且稀的“能照出人影来”。

如果绿豆和大蒜只是调味品,那么大米和玉米这两种大宗农产品的暴涨,就让人们无力招架了。

2010年,夏粮减产0.3%,这个几乎可以忽略不计的数字,却引发了蝴蝶效应。进入盛夏,夏粮收购突然转入“抢购通道”,一些外资企业也争相进入国内粮食收购环节。减产、囤货抬价、抢购,人们从未如此强烈地感受到粮食的珍贵。

秋天,棉花也加入到价格暴涨的大军。国内棉花现货、期货价格纷纷大幅上涨。期货市场上,郑棉继9月初突破18000元/吨后继续攀升。在官方的一些发布会上,新闻发言人用平稳的语气说,最基本的原因是成本推动,成本包括生产资料、劳动力、土地成本以及机会成本。

成本,似乎变为推动价格上涨的主要原因。然而,仅仅用成本上涨来解释这一切,却难以让人信服。成本的力量有多大?其中,谁也不敢保证是不是还有其他因素,诸如人为。

民众的猜疑也和农产品的价格一起疯涨。人们都在问,到底是谁在制造暴涨?是谁在扰乱我们的生活?

第一种说法显得言之凿凿——天灾说。

供求关系当然是经济学上颠扑不破的真理,产品价格由其价值决定,并根据供求关系上下波动。通过这种常识,人们很容易将大蒜等农产品价格的暴涨,归结为农产品供求失衡,也就是天灾导致减产,继而引发供应不足。

无论政府官员,或是民间学者,都将产品价格上涨,归因为气候异常、种植面积减少等因素导致的供应减少,将供不应求视作“幕后推手”。

但是，事实却并非如此。以大蒜之乡山东金乡县为例，2010年5月金乡县农业局提供的数据显示，金乡全县约有80万亩农田，其中2010年有56万亩种植大蒜，2009年为48万亩。由于2010年天气灾害频发，大蒜减产为正常现象，但减产不会超过10%。这个数据当然不会引发全国范围内的大蒜价格狂涨。

2009年，金乡县大蒜总产量为5.136亿千克，2010年约为5.6亿千克，虽然种植面积增加8万亩带来的总量提升并不大，但无可置疑的是，价格暴涨带动的种植热情，在一定程度上已经抵消了天气因素带来的减产。

另一个关键点是，农产品有自己的生产流程，其中每一个环节都可能影响其价格。蔬菜一类的农产品，生产周期较短，受水灾、旱灾等天气因素影响，价格出现短期波动实属正常。但是，一旦天气状况变好，供应恢复正常也无需过很长周期。而大蒜、绿豆等农产品，以年度为生产周期。较长的周期也决定了其价格的更不确定性，但无论如何，在上市半年后价格突然暴涨，当然不会是天灾所致这么简单。

第二种说法也显得牵强附会——种植户从中作梗。

如果真是种植户囤积居奇，那他们应该从疯涨的农产品中赚得盆满钵满吧？事实如何呢？仅从第一印象，且不经过理性思考，很多人会羡慕蒜农的好运，但实际上，在这一轮涨价上行周期内，普通农户并没有得益，他们倒像是一群局外人。“现在全国各地到处都有人炒蒜炒成千万富翁，却从没听说谁种蒜种成千万富翁的。”一位粮油贸易公司负责人表示。

还是将目光聚焦于大蒜主产区山东、河南，2010年5月，蒜农手中的大蒜以3.6元/千克的价格出售给收购商，然后进入全国最大的大蒜交易市场——山东金乡大蒜交易市场，此时，大蒜价格开始“稳步上扬”，直到被“捧”为20元/千克左右。

既然农民不是大蒜涨价的“罪魁祸首”，又有人判断，肯定是中间商在捣鬼。这是第三种猜疑。但事实上，无论是大蒜，还是绿豆，价格疯涨的同时，农产品市场上的交易却倍加冷清，并未呈现量价齐升的现象。

也就是说，大蒜交易市场上的中间商即便把大蒜统一定价提高，他们也卖不掉手里的囤货。

2010 年初夏，国家多部委联合下文，严厉打击囤积居奇，哄抬农产品价格等投机行为。这一记“重拳”，让很多农贸批发市场的商户倍感无奈。

一位有十几年大蒜批发经验的商户说，对此前大蒜市场，他最大的感受就是不愠不火。毕竟中国是产蒜大国，产量高，价格自然也低。2009 年 4 月份时，每斤大蒜的批发价仅为 0.2～0.3 元，然后，从 6 月起，大蒜价格开始节节高升，不到半年时间就“窜”到 6 元。这种突如其来的暴涨，让中小批发商惊呼看不懂。

2010 年 4 月末，当大蒜价格再次开始疯涨时，之前“痛失好局”的商户们终于按捺不住，开始出手大量购进大蒜。当时，几乎所有的商户都在抢货，甚至还相互打气：“这价肯定还要涨！”但是，看涨的心情，终于抵不过下跌的事实，2010 年“五一”过后，市场上的大蒜行情“晴转多云”，价格也急转直下，跌幅甚至超过 20%。大蒜价格的反差，出乎中小批发商的意料，现在，几乎每个人都垂头丧气，感叹“蒜你狠”之余，也只能守着一车车高价收购的大蒜发愁。

到底是谁把钱赚走了呢？在某家农贸市场上，一位“2000 万先生”的故事，令众多中小批发商羡慕不已。2009 年，一位大户大量吃进大蒜，低吸高抛，一年时间内就“揽金”2000 万元。对于这则故事，众多大蒜经营户表示确有此事。

这些所谓“庄家大户”为什么能够如此神机妙算，能够推算出大蒜价格暴涨，并且还能够在暴涨前以低价大量收购？

一个我们不愿承认的事实终究还是在推理中成了最大的嫌疑——农

产品减产导致价格上涨,价格上涨又使部分经销商囤货、故意抬高价格,大量投机资金的入场,短时间内又引发市场恐慌,使某一产品脱离其正常的价值轨道,并最终完成暴涨的曲线。

貌不惊人的投机商,很有可能潜伏在我们身边。以山东金乡一位普通的卖饮料的妇女为例,在她眼里,投机这回事,并不新鲜,“一般当年新蒜上市后,大部分将被蒜商们囤入冷库以坐地等价。估计他们手中的资金约有几个亿”。说话的这位妇女和丈夫手中,就存有上百吨大蒜。

这就是触目惊心的游资,表面看不出任何波澜,静水流深处却激浪潮涌。更可怕的事实在于,疯狂的逐利是人的天性,更是资本的天性。

在利润的驱使下,中国游资的投机从没有停止过:20 世纪 80 年代中期,中国就曾经历过一次浩大的“疯狂的君子兰事件”——这一“美名远扬”的历史,其疯狂程度直逼“郁金香泡沫”。当时的中国市场上,一株君子兰的售价从最初的 100 元一路上涨了 2000 倍,最终竟达 20 万元;炒作的“传统”如此“悠久”,20 年过去了,普洱茶又成了全新的“神话”,各品种普洱涨价都在 3 倍以上,最多则超过 10 倍,最高曾卖过 26000 元/斤,几乎可与黄金相媲美;一种并不常见的大型犬藏獒,从与世隔绝的藏地来到普世,身价被炒到了数百上千万元,狂热的追随者似乎忘了,大多数人终其一生都无力承担的神兽,终究不过是一条狗而已……

这些都是游资炒作的“彪炳伟业”。如今,农产品成为游资的“新宠”,于是出现了疯狂的大蒜、疯狂的绿豆、疯狂的玉米……

与其他被投机对象不同,一直以来,农产品并不具备被投机的特征:与房子等大件商品相比,单位获利并不高;与股市相比,缺乏专业的投资属性;与神一样的整版“猴票”相比,并不具有稀缺性。但是,农产品又有着其他商品所不具备的特性,即不可缺少性。

从消费者角度来看,其对农产品需求刚性太大,弹性不足,即使钱包再瘾，也要别无选择地消费。人们买不起房子，可以租房子；可以选择不进入股市；也可以不购买藏獒。但是人们日常生活总不能不吃饭、不喝水吧？

从生产者角度来看，中国农户组织化程度低，单个经营规模有限，导致一家一户的农民对农产品价格影响力较弱。此外，由于农产品既受"季节生产、常年销售"特征的制约，又有一个"小农户面对大市场"的信息与流通难题，由此，中间商控制市场、垄断价格、绑架生产者和消费者利益的动力与能量更强。

所以，农产品的真实价值，往往被处于资本强势、组织强势、信息强势的中间商所扭曲。能囤货投机的，则囤货投机；不能囤货投机的，"找个由头齐声喊涨"也照样可以拉高零售价格。

此外，经济发展仍笼罩在金融危机的阴霾中，以及2010年以来国家打出了一系列房产调控政策"组合拳"，使得股市低迷、房地产市场观望情绪浓厚。2010年，楼市调控重拳出击后，北京、上海、深圳等地纷纷出现投资客单笔上亿的抛售，或者一次出现近百套抛盘的情况。5月，广州各大中介发布的信息显示，五一小黄金周里，每天成交量不足100套。

在此情况下，部分炒房资金暂时退出房地产这个"掘金"板块，大量游资急切寻找出口。此时，恰逢2010年自然灾害频发，种植面积减少等状况，大蒜、绿豆等农产品的出现，让双方一拍即合，游资转而投向农产品市场，似乎也是"顺理成章"的事情。

上帝欲使其灭亡，必先使其疯狂。投机这种疯狂的游戏，与赌博何异？资深赌徒有句话，十赌九骗。靠赌博赢得后半生幸福的人也许有，但谁能肯定那个人就非你莫属呢？可悲的是，击鼓传花的游戏总有停止的一刻，今天赚得鼓鼓囊囊的，明天也许就是接下最后一棒的悲剧人物。

纯商品房市场的罪与罚

房子，毫无争议地坐上了疯狂投机的“第一把交椅”。和突然暴涨的农产品相比，中国商品房爆炸式的倍增之路已经走得太久。

令人灰心的地方在于——买不起也得买，因为90%的住房为商品房，保障性住房的数量虽然正在扩大，但目前阶段覆盖范围仍旧有限，对于有十几亿人口的中国而言，十之八九难以在短期内享受保障性住房。而迅速城市化带来的后果是，城市越来越大，越来越漂亮，迁入城市的居民想要买一套住房，却变成需要付出一生辛苦的事情。

情绪化的人们说，涨吧，总有到头的一天。这种悲观情绪蔓延在城市的各个角落，站在繁华大厦前的人们，日益觉得生活充满了沉重感，大部分人在掐指默算，我到底需要几百年的时间，才能把自己的铺盖卷搬进这座大厦的玻璃转门？

这就是我们的生活，让高房价打乱的生活。

经济学家说，欧美发达国家也没有几个人是买房居住的，我们可以租房；社会学家说，居住的社会文化传统需要改一改，我们不必住在自己买来的房子里，租房住也是一种常态；记者们说，根据调查，大部分城市居民想不明白，房子卖得那么贵，为什么还是一售而空？夜晚的新楼盘，为什么亮灯的房子寥寥可数？财经评论员说，房地产投机，祸国殃民……

针锋相对的言论已经无法引起人们的关注，在一种无可把握的巨幅上涨中，房子已经成了神话般的居所，想想都害怕。

2009年年末，美国知名杂志《福布斯》评选出全球七大近在眼前的资产泡沫，其中，中国的房地产市场名列第二。无独有偶，美国《新闻周刊》也把中国将因房产泡沫破裂而陷入经济崩溃置于该刊"2010年十大世界预测"的第二位。

这种评论似乎又陷入了西方人看待中国的习惯性一厢情愿。但这次，不止西方人对中国的状况无法接受，中国人自己也不再振振有词地反驳了——面对现实，谁也无法视而不见。

过去的5年间，中国平均房价"成功翻番"；同时，房租收益率却明显处于低位，目前2.5%～3%的房租收益率，大大低于抵押贷款利率。

而且，房价收入比过大。国际公认的房价"合理的价格水平"，是相当于每户居民3～6年的平均收入。当房价收入比超过6时，国际公认为房地产泡沫，当超过7以后，就是"国际房价难以承受的地区"。反观中国，全国平均房价收入比约为8，一线城市北京、上海和深圳则更高，为14～16。

面对不断攀升的房价，华尔街的房地产投资巨头与众多中国个人购房者都面临着一种尴尬的处境，是采取行动，还是静观其变？就在人们迟疑之际，一些怀揣巨额资金的国内投资者却急不可耐地"入局"，抢购豪宅，2010年年初，如火箭般冲天而起的海南房价，就有他们"贡献"的一份力量。

如此迅猛的资金进入，而且以获取高额利润为目的，由此支撑起的房价，难保不掺杂着“泡沫”。

与此同时，民众的疑虑似乎得到了解释——买不起房子的人，只是这个社会中“那一小部分失败者”。房子虽然天价，还是找到了自己的主人，他们是社会的“成功人士”，身价动辄上千万。正如某位地产大鳄口出狂言：“我只为有钱人盖房。”

在《福布斯》将中国房地产泡沫列为世界第二大金融泡沫两个月后，中国也发布了一则关于本国房地产的报告。值得玩味的是，前后、中外两种结果竟然可以算作“截然相反”。

2010年年初，国家统计局公布《2009年国民经济和社会发展统计报告》，报告中称，2009年中国70个大中城市房屋销售价格同比上涨1.5%。

上涨1.5%，这一数据与国内普通民众的切身感受南辕北辙，人们惊呼“统计局简直就是睁眼说瞎话”，肯定是把小数点的位置弄错了，是上涨了15%，而不是1.5%。有网民甚至质疑统计局弄虚作假，目的是为了减轻人们对房价不断飙高的怨气。

时代变了，谎言不再那么坚不可破，而是自取其辱——当所有人都在说皇帝没穿衣服时，皇帝还能陶醉在那件子虚乌有的“新衣”中，除了这个皇帝是“暴露狂”之外，别无他解。妄图用一个数字，就减轻高房价在人们头脑中留下的印象，这多少有些自欺欺人。而且，对于真实情况，人们并非没有切身感受，眼看着国内不断刷新的“地王”纪录，房价不断登上新高度，由此，温柔的统计数字只会让民众的情绪变得更糟。

用一个简单的故事，就能说明我们“从天堂到地狱”的商业记忆。

刘先生现在是北京一所“211”大学的教授。1976年，刘先生是见习助教，单位给的福利房面积是10平方米，两家共用一间厨房，一个公共厕所。两年后，刘先生转正为助教，搬到筒子楼居住，每家面积是15平方米，在走廊做饭，10户人家共用一个水房和一间厕所。1980年，刘先生提升为讲师，分到25平方米的一个套间，独立的厕所和厨房。8年后，单位分房，给他分一个两室一厅，50平方米，两间卧室各有15平方米，还有一个小阳台。1997年，刘先生成了教授，但三室一厅的房子太少，给他换了套70平方米的两居室。

激动人心的商品房时代在第二年拉开大幕。学校鼓励老师们购买商品房，首付3万元，另外提供贷款，刘先生最终以每平方米1000元的价格，买了一套160平方米的四室两厅的房子。

用了20多年，刘先生的房子才从10平方米换到70平方米。商品房时代到来之后，只花了不到两年，他就住进了160平方米的大房子。这个故事简单却全面地涵盖了20世纪90年代末和21世纪初中国城市居民住房的演变历史。

商品房，曾经让我们一步到位，实现了幸福居住的梦想。但是，刚刚告别福利分房时代，就一步跨入纯商品房时代，这个步子迈得有些大，而且中间还缺少必要的过渡阶段。殊不知，单一的市场，存在很大问题。

房地产开始兴起时，房地产商还不敢过分抬高房价，多层住宅在20世纪90年代每平方米只卖1000元，不少退休甚至下岗的职工都有能力购买单元房。但是随着越来越多人购买商品房，房地产商的胃口越来越大，各路资金都加入到房地产行业来，房地产的投机开始了。

房价一路飙升，尤其是2008年4万亿救市后，房价就翻着跟斗往上涨。北京三环内的房价已经涨到每平方米3万～4万元。

只涨不跌的投资品，在理论上被称为"投资博傻"，顾名思义——相信"只涨不跌"的投资者是傻子，但目前的中国住宅市场，就是这样一个"争相当傻子"的投机市场。

投机的后果是灾难深重的，它足以毁掉一代人的安居乐业。根据商务部发布的《2006—2007年中国结婚市场发展调查报告》显示，全国城镇结婚消费中,81.6%的新人得到父母们不同程度的财力支持,其中,最主要的就是买房子。

一套房子足足耗费几代人的积蓄,很多年轻人表示,父母节省了一辈子,退休之后还要为子女背负购房压力,自己也感到痛心。但面对高房价,自己无能为力,也只能被迫"啃老"。

问题的根源在哪里?在于房子的变异——从住宅变成了商品。而商品是可以用来无限投机的。

有这样一个故事:华尔街一些炒手不断交易一盒罐头,每一次,一方都用更高的价钱从另一方手里买进,这样,罐头的价格被炒到很高。一天,一个炒手决定打开罐头看看,一盒罐头凭什么会值这么多钱?结果让他大吃一惊:罐头居然是臭的。于是,他指责其他炒手,但是得到的回答是:罐头是用来炒的,不是用来吃的。

这则故事告诉人们:你把罐头当作投机品,可能会获得利益,也可能一败涂地。但是如果你把罐头当作食品,那你面临的只能是一场彻彻底底的败局——套用网络上流行的话来讲,"认真,你就输了"。

同样,这个道理也可用在房产投机上:如果你把大家用来投机的房子,也用来投机,那你参与的可能是一场胜利的赌博,也可能是一场失败的赌博。但是,如果你把别人仅仅用来投机的房子,当作全家居住的场所,那你就是彻底的悲剧了。

事实上,除了这个悲剧,我们好像已经别无选择。这是对中国广大购房者的警示,也道出了投机对于中国房地产市场的危害。

房地产投机有没有益处?答案并不是简单的否定。短期来看,房地产投机可以刺激经济增长,这也是近十年来中国GDP狂飙突进的根源之一。但从长期来看,结论完全不同:人们对房产具有刚性需求,只要收入条件许可,潜在的住房消费需求自然会及时转化为实际市场需求,无需房地产投机的刺激。相反，房地产投机导致的过高房价，只会延迟人们对住房的消费需求，或降低消费等级。因而，房地产投机，对经济的刺激作用属于透支性，结局是满盘皆输。

一般而言，房价上涨说明这个地区区位优势明显，人们乐于在此生活居住。然而，实际情况不容乐观，被投机者“苦心经营”的楼盘，也许只是一个“美丽的童话”。

以上海为例。根据建设部统计，2003 年中国房价稳中有升，全国商品房价格平均涨幅为 3.2%，但这一年上海房价的涨幅超过 24%，成为中国房价涨幅最大的城市，每平方米均价达到 5118 元，第一次超过北京，成为中国房价最高的城市。

但同时，上海仍留下多达 779 万平方米的空置房销售不出去，占压的资金近 400 亿元。这个数字，还没有计算上海房地产的 600 余处烂尾楼，以及因此所占压的多达 1000 多亿元的资金。

一个危险的信号早就被人们“广为传颂”：根据国际通用的房地产投资公式，房子价格除以每年租金价格，如果结果大于 30 则属于不良投资，如果大于 50 则属于垃圾投资。

2009 年，北京朝阳区朝阳公园路高档公寓房价格超过 4 万元/平方米，125 平方米的精装修两室两厅月租金 8000 元。以每平方米 4 万元计算，这套房子的保守价格为 500 万元，再将之除以每年出租价格 9.6 万元，结果是 52。

很明显，将这套房子作为投资品，属于典型的垃圾投资，究其作用，恐怕更多的是制造房产泡沫，而非拉动经济增长。对此，20 世纪 90 年代海南房地产泡沫破灭和美国次贷危机，简直是活生生的范例。

1988 年，海南建省办大特区，首先热起来的就是房地产市场。而市场投机行为，让这个本应红火的市场变成了人间炼狱。当时，总人数不过

660 万的海南岛，竟然出现了 2 万多家房地产公司，短短 3 年，房价增长超过 4 倍，谁说中国人温文尔雅了？面对突如其来的利益，我们同样毫不含糊。

随着房地产泡沫的破灭，给海南留下的是 600 多栋“烂尾楼”、18834 公顷闲置土地和 800 亿元积压资金，仅四大国有商业银行的坏账就高达 300 亿元。“1999 年在海口开车，随处可见盖到一半的房子，还有泥泞的道路。当时已经是房地产泡沫的后期，可是市场依然一片惨淡。”

房地产泡沫的破灭是毁灭性的，但中国人似乎善于忘记历史。当房子不是用来居住，而是用来投机时，无疑，就会为整个社会经济埋下一颗定时炸弹。

庆幸的是，为避免这种情况发生，2010 年政府打出了一系列宏观调控组合拳。继 4 月 15 日国务院常务会议决定以综合政策遏制高房价后，4 月 17 日，国务院再次重拳出击，发布通知要求各地严格限制各种名目的炒房和投机性购房，房价过高地区可暂停发放购买第三套及以上住房贷款，对不能提供 1 年以上当地纳税证明或社会保险缴纳证明的非本地居民暂停发放购买住房贷款。

很显然，“暂停发放购买第三套及以上住房贷款”针对的并不是普通购房者，而是以炒房为目的的购房者，否则，普通购房者可能不会、也没有经济实力去购买第三套或以上住房。

的确，这一轮房产新政，犹如一味力道强劲的降温药，对过热的房地产市场起到了降温作用。就在“新国十条”发布不久，股票市场立即整体跌幅接近 5%。在接下来的两周时间内，包括北京、上海、广州、深圳、杭州等在内的 10 个“房价最高或上涨过快”的城市，商品住宅总成交量出现了 60% 以上的萎缩。

不仅如此，北京、上海、深圳等地的楼市还出现了投资客集中抛盘的现象,一名浙江炒房者一次性抛出北京北三环一项目的20余套房源,总价近1.3亿元,是二手房成交历史上最大单。

史上最严厉的房地产调控政策,取得了立竿见影的效果。然而对于高烧不退的房地产投机,无数次事实早已证明,一剂猛药只能解一时之急,根治之道在于长期坚持政策调控,同时加紧住房结构的转变,从纯商品房市场转变为保障房和商品房共存、各取所需的健康局面。

股市变身资本怪兽

股市诞生的最初目的是将分散的资金集合起来用于企业的扩张,但是缺乏监管的股市天生具有投机的特性。在中国半市场化的金融环境下,股市彻底沦为一头资本怪兽,其本应具有的金融资源配置的功能被完全异化,变成了众人纷纷参与的“赌场”。

20 世纪 90 年代之后,中国经济突然进入前所未有的狂热增长期。当时流传的一句口号颇有励志色彩:“没有做不到的,只有想不到的。”在那个以地产和资本市场为龙头的年代,这种描述一半属实,一半是冷言冷语的自嘲。然而到了 20 世纪末,癫狂的股市已经完全演变为一场疯狂的盛宴。

大批劣质企业横行其中,垄断资本一头独大,绝大部分散户则如同飞蛾扑火,有去无回。当很多老年人像赶集一样扎堆参与各类股市讲座,兴味盎然地接受讲解者的“建议”,试图从中分得一杯羹的时候,谁都没有意识到,中国股市正在毫无节制地透支自己的明天:除了资金的乾坤大挪移,诚信的丧失和欺诈的畅通无阻,也让这个本来就脆弱不堪的社会语境平添一道罪与罚的轮回。

经历了疯狂的暴涨之后,这场狂欢的惨痛代价慢慢浮出水面,从不断曝光的委托理财的巨额亏损中,从银行不断沉淀的股市坏账中,我们已经清晰地看到了灾难性的后果。

可怕的是,这些只是开始。

2007 年 10 月 16 日,上证指数还停留在 6124 的高位,此后就一泻千里,到 2008 年 10 月 28 日,已降到最低点 1664.93 点,最大跌幅近 73%。站在 1600 点上看 6000 点,犹如站在珠穆朗玛的山脚下向上仰望,遥远美景可望而不可即。

股市下滑的恶果不止如此,沪深两市犹如三峡大坝突然决堤,一发不可收拾,市值蒸发近 24 万亿元,多于 2006 年全国 GDP 数据,相当于建设 18 条京沪高速铁路的费用之和。

这些消失的资本去了哪里?根据能量守恒定律,存在的资金不会凭空蒸发,而是跑到另一些人的口袋里去了。24 万亿的巨额财富,当然也不会真的被空气蒸发,终究还是跑到一些人的口袋中去,当然,不是人数众多、资金却异常分散的小散户们的口袋。

分析人士认为,有五类人成为这部分钱的主人:国家税收和券商,只要股市在运转,他们就有钱赚,只是多一些和少一些的区别;上市公司及"大小非",他们也是股市赚钱的一大主力;内幕消息掌握者,很显然,在信息不对称的股市里,他们掌握了信息,自然可以赚得钵满盆盈。此外,还有游资以及个别运气超好的散户。

中小投资者的资金,有一个很形象的称谓,叫做"笨钱"。英国《经济学人》主编沃尔特·白芝浩曾对"笨钱"进行标准阐释:"这些我们称之为'笨钱'的财富,特别庞大和热切,它们若投怀送抱,便会造就暴发户;它们若碰撞到谁,便有了投机者;它们如果迅速撤离,便留下恐惧和萧条。"

中小投资者是股市的主要力量,但悲哀的是,他们并不能主宰自己的人生，甚至难逃被“猎杀”的命运。据统计，A股市场中，持股市值100万元以下的中小投资者，占到总数的99.4%，占总市值的50%。这样一个庞大的群体，既没有低成本优势，也不会掌握内部消息，唯一的成功方法就是低位买入、高位逃顶。但即使这唯一方法，还不常常被其所用，将此方法掌握得最出神入化的就是游资。

股市中的游资，指的是持有大量资金的投资主体，这些投机者手持资金超过十几亿元。他们为追逐高额利润在金融市场之间流动，主要做短线投机，获利到一定程度后就会出货走人，资金来去速度快且不长期持有的股票投机。

根据中国股市中的无数投机规律，这部分资金只狙击涨幅在7%左右的股票，他们的运作手法一般是，投入巨资将其迅速拉上涨停板，之后挂巨单封死涨停板。此举通常是为了第二天的高开出货。次日一开盘，巨资持有者早已设好陷阱，静候猎物入笼。如果散户此时一味追涨，就会中了他们的埋伏，还没反应过来，游资已经全身而退，如此一来，留在谷底的只有散户而已。

这些巨资持有者可不是单兵作战，在国内股市上的巨额游资，几乎成了公开的秘密。他们之中的“杰出代表”主要是东吴杭州文晖路证券营业部、国信证券深圳泰然九路、中信证券深圳新闻路、光大证券宁波解放南路等。这些利益集团，通过自己的出色判断力和做局的能力，把握当前最热点的个股进行投机，且操作手法强悍，善于短线投资，证券市场上，人称“敢死队”。

自从出现了“敢死队”，国内股市个股再也不是四平八稳有迹可循了，而是进入了层出不穷的“故事时代”。一个无人问津的个股，可能在某个“故事”的刺激下，被“敢死队”相中，此后开始一路狂奔，经过若干涨停和跌停，换手率超乎寻常，中小投资者只能随风摇摆，在胆战心惊中命悬一线。

他们是这场赌局的赢家，也是一支神秘的力量。

游资的加入，事实上，并不是这场盛宴"脱胎换骨"的唯一因素，要了解中国股市光怪陆离的"景致"，就须回顾其历史。

参与中国股市的人们都有所记忆，1992 年放开股票价格的最初阶段，也面临着巨额的浮动，但当时的投资者能够相对平静地接受亏损，一种商业契约精神起着重要作用——股市有风险，投资需谨慎。但直到今天，但凡有所波动，各路投资者和学者专家都结成了盟友，在一片鬼哭狼嚎中呼吁政府"救市"。

为什么情况会变成这样？因为最初的投资者都属于民间投资，是一种具有自我约束力的投资主体。直到地方权力机构介入，并慢慢成为证券市场的主流之后，一切都变了。

1994 年 3 月 12 日，时任证监会主席的刘鸿儒宣布了所谓的"四不政策"，这是中国股市第一次政府出面的"救市"。刘鸿儒的"四不政策"涵盖这样几个方面内容：55 亿股新股上半年不上市；当年不征收股票转让所得税；国有股、法人股年内不在交易所上市，不和个人股并轨；上市公司不得乱配股等系列配套措施。

然而，即便在政府的救市行为下，大盘也只是短暂抬头，随后便复归平静。这说明，当时的资本市场并不是今天这样的"政策市"，也不是随便一个操作团队就可以吸引无数投资者的大赌场。

随着日益增大的权力机构加入其中，权贵资本的诞生让小投资者有了"背靠大树好乘凉"的从众投机心理。或者说，除了投机，他们很难依据正常的分析渠道获得满意的回报。特殊利益集团对股市的操作，开始变得顺理成章，并且理直气壮起来。

财富大挪移：满城尽是投机潮

2010年11月10日，黄金价格进入跌价的尖峰时刻，一众高位买入者苦不堪言。在此之前，分析人士信誓旦旦，认为黄金将继续向上猛升，直指1500美元/盎司。话音未落，投资者还在做着“黄金牛市”的美梦，金价却猛然下跌。

冷酷的现实再次宣告，盛世黄金也并非只涨不跌的投资品。一个误区在于，绝大多数跟风进入黄金投资版块的散户固执地认为，黄金在本质上不同于股票和期货。如果金融证券存在波动和严重下滑，那么黄金就是截然不同的产品——只要买入后坚定持有，最终一定会赚钱，同时也能抵御通胀对财富的消耗。

这种看法或许自有其道理，但这个长期持有的过程将十分漫长。加之，在中国投机之风四起的背景下，黄金价格经历了如此大的一轮上涨，接下来的很长一段时间里，有可能都是归于沉寂。寄希望于黄金保持明显的上扬趋势，可能只是一枕黄粱。

金融危机爆发以来，黄金是唯一幸免于难的品种，找不到出路的投资者似乎抓住了救命稻草。黄金价格已然创出历史新高,并且较之金融危机前还上涨了30%。蜂拥而来的炒金迅速将黄金价格推上了天花板。

固执的投资者并不明白,凡事都有极限。在投机成风的大语境下,他们手握重金,却无从投资,这道出了中国经济的一个困境——钱多,项目少。于是,只要具备炒作价值,投资者都会毫不犹豫地买入。

在金价泄底的这个冬天,投资者肯定没有忘记年初的春天。

2010年初春,中国黄金集团营销公司北京专卖店里,店员接待了公司开业以来最大的豪客。仅仅一天之内,这位一掷千金的阔佬大手一挥,甩下1200万元,购下大量金条。

这并非此人首次出手,在一个月之前,他通过买卖金条获利10万余元,利润率超4.2%,这与投资基金或者放到银行里的利率不可同日而语。

一般而言,春节后的黄金消费是相对平稳的,然而2010年注定要让所有人感到意外。春节刚过,黄金销售不仅没有下降,反而大幅激增。根据上海黄金交易所的数据,春节结束后的两个月内,经由该交易所的黄金交易量为662011.4千克,环比增长17.86%,同比增长140.92%;成交金额为17496862.28万元,环比增长23.64%,同比增长212.70%。

而在深圳,狂热的黄金交易也在如火如荼地进行着。2010年通过银行购买实物金的消费者大幅提升,在上半年时间里,深圳建行销售的金条已远高于上一年全年的销量。以前,大多数投资者至多也就是购买1~2千克,然而在2010年的5月,一次性出手就购买10千克以上黄金的客户比比皆是,单次购买20千克也屡屡上演。

这种大数量、高密度的黄金投资热,背后是大部分新入市投资者盲目的热情,更多的是从炒房炒股资金流入黄金市场的游资。温州中小企业发展促进会会长周德文表示,近几个月温州的商人都在谈论从房地产撤出资金的出路,由于黄金较容易变现,因而成为很多商人追求资金短期升值的工具。

温州商人热衷于“看得见摸得着”的东西,同样热衷于组团投资。在黄金投资风潮中,深谙温州商人的观察者周德文表示:“尽管从楼市撤到黄金市场的资金数额无法估计,但已经表现出明显的趋势。”

2010年初夏,恒泰大通连锁金店温州旗舰店迎来暴涨期,超过20%的销售增长额,其购金者基本是温州本地的商人。这些投资者之前都是深处楼市和股市的炒家。

毋庸置疑,游资进入黄金投资市场,正是看中其回报丰厚的潜在收益,以及节节走高的价格走势。但是,与其他投资品不同,在黄金市场,短期内未必能获得高额回报。因此,黄金是否适合游资“快进快出”的要求还有待商榷。

黄金天然不是货币,而货币天然是黄金。黄金历来被视为最保值的投资品之一,可以穿越千年而购买力不变。

《圣经》中的股市告诉我们,公元前600年,一盎司黄金能买到350块面包。现在,在美国,一盎司黄金能买到的面包数量并未发生明显增加。此外,数百年来,英国著名的裁缝街的西装,价格一直维持在5～6盎司黄金的水平。

然而,保值的黄金同样说明,其获得收益的能力是非常有限的——经过上千年也未能提高其拥有者的购买力。天生就是货币的黄金,很显然不是一种“称职”的投机品。在这一轮黄金牛市中,上海黄金交易所的黄金期货产品交易攀升,但不少参与其中的“黄金追逐者”却抱怨,并未获得期待中的收益。

国内的中小投机者悲喜交加,在国际市场上,中国投机者的名声却是大范围地遭人诟病。近几年,在国际市场上,中国人买什么,什么就涨价;卖什么,什么就掉价;从石油到铁矿石,无不如此。这更说明,决定市场终端价格的,不是消费者,而是大型金融资本。国家统计局官员曾痛惜,中国虽然是世界上最大的资源购买者,但苦于没有定价权,经常被盘剥。而在这一轮国际黄金热中，中国资本会不会成为被盘剥者，现在下结论还为时过早。

投机的目的就是迅速圈钱，套现出场。对于投机者而言，他们不仅对房子、股票、农产品、黄金这些大宗物品感兴趣，凡是具备炒作价值的商品，不分大小，全都是投机者的目标。

俗话说："乱世黄金，盛世古董。"这个古董泛指艺术收藏品。据一项报告显示，在目前社会投资的三大热点中，金融业的平均投资回报率约为1.5%，房地产行业为20%左右，艺术品收藏的投资回报率则高达30%。

2010年5月刚过，中国嘉德2010年春季拍卖会总交易额达到21.28亿元，一举刷新了国内单季拍卖最高纪录，这也是国内拍卖市场首次单季总成交额跨越20亿元大关。同样在这个月，张大千晚年的巨幅绢画《爱痕湖》拍出超过1亿元的天价。

人们惊讶的嘴还未合拢，更劲爆的消息就接踵而至。一个月后，黄庭坚的《砥柱铭》又创下4.368亿元的中国艺术品拍卖世界纪录。

天价艺术品拍卖，如同一座泛着绿光的诡异灯塔，为整个艺术品收藏市场蒙上了超乎寻常的光芒：中国油画及雕塑、现当代陶瓷及雕刻艺术、邮品钱币铜镜、古籍善本等，如同枯木逢春，绽放出非理性的刺眼华彩。

在嘉德拍卖专场，清乾隆青花红彩云龙纹贲巴壶以3000余万元的高价成为同类拍卖专场的冠军；邮品钱币铜镜总成交近7000万元，其中，新古钱王存世孤品战国古钱武阳三孔布以353万元创下同类历史纪录。

收藏品的整体涨幅超过40%，而这一切都发生在短短一个月之内。显然，如果没有充沛的资金入场，不可能将价格推升至如此之高。

这一次，又见温州炒家的身影。从2009年年底开始，神秘却频繁光顾国内艺术收藏品拍卖市场的温州炒家行色匆匆：2009年12月20日"西泠五周年秋拍"在杭州落幕，总成交额为6.12亿元，其中，不少温州人竞拍到顶级艺术家的作品;2010 年在杭州举办的一场拍卖会上,温州炒家以 140 万元的高价拍走了黄宾虹的《青山绿水》;同年,在北京大得国际拍卖公司主办的书画拍卖会上,一位温州商人一掷 2000 万元,拍下李可染大幅山水画《黄山万壑图》……

实际上,温州游资并不精通于投资艺术品,然而,不论艺术品还是农产品,只要具备投机品的特质,游资们就会变得丝毫不陌生。艺术品投资主要分为古玩和书画两种,但国家对古玩有政策的限制,且古玩本身真假难以辨认;而书画又分为历代名家字画、当代名家字画以及当代中青年字画三类,其中,历代名画和当代名家字画赝品较多,投机风险和空间较小。因此,综合衡量与考虑之下,温州资本将投机重点放在当代中青年艺术家字画上,将风险降到最低。

很快,温州人就制定出一套与炒房异曲同工的"妙招"。如果游资选定了一位中青年艺术家的字画,首先会采取购买房产的方式,将其作品买断,此后,会长时间地买断权威书画杂志的相关版面,集中对这位艺术家进行包装宣传。

过一段时间后,就会找一家拍卖公司对其一两幅作品进行拍卖。在拍卖过程中,还会暗中布置进行"接力赛",一次次推高价格,直到以一个有新闻价值的价格卖出。此后,就会借助这次拍卖大肆宣传,将这位艺术家的身价抬高,因为此前已经买断了这位艺术家的作品,现在,就可以将手中持有的这位艺术家的其他作品以高价卖出。

这种现象,正在重演 20 世纪 80 年代股市中的投机故事。在现在的艺术品市场,半数资本属于短期投机资金,以温州游资为主的浙江"炒画团"悄然布局,他们通过包装上市、肆意吹捧、对倒抬价等方式,进行短线投机,制造了一种虚假繁荣。同时,一部分艺术家、拍卖行、媒体等产业链上的参与者也做了帮凶,从而加剧了市场的浑浊。

当下的中国，其增长速度的惊人之势让人侧目。这片飞速生长的丛林充满了种种残酷的法则，所有新鲜的生命力都会受到追捧，然而，疯长的速度并不都是阳光，种子也会以同样的速度发生变异。

艺术品市场，就是这样一颗新种子，其正在开花结果，却因为投机色彩过重而产生了变异。这种不正常的过热现象如同传染病，毒害的将是整个中国经济。

疯狂必有疯狂的理由，在2010年这个绝对意义上的多事之秋，受到感染的中国经济仍然保持着通体透红的热度。除了各种稀奇古怪的财富大挪移外，对于投机人士来说，他们可以炒作的东西从未如此之多。

大宗货品被各路资金疯炒，价格上扬的闹剧还未止息，种类繁多的工业原材料也加入到这场“投机大战”中。

始于2009年国庆节，到了2010年5月，棉价就像一匹脱了缰的野马，疯狂上涨：1—5月，棉花平均价格为16540元/吨，与2009年下半年相比上涨了21%左右。同时，2010年5月，棉纱平均购进价格最高达到25200元/吨，比2009年同期上涨50%。高棉价时代来临，给下游的纺织、服装行业带来的压力可想而知。

价格上涨，也发生在其他原材料身上。2010年年初，硫黄的价格还为600元/吨，6个月后，就上涨到1500元/吨。

在市场外界看来，此番投机的主力军依然是温州民间资本，如果说农产品和艺术品的投机已经算是巨额，那么工业原料的投机则称得上天量了。一位温商，对于自己参与工业原料投机的事实毫不遮掩，并表示自己在工业原料的投机资金高达2亿元。

投机的套路似乎还是如出一辙。通过对经济走势和行业状况的判断，他们往往会先选择一种工业原料。看好之后就大量购进，而且只买不卖。如果判断失误，囤积的原材料，在市场货源已经供应充足，或供过于求时，各个炒家之间就会相互联合起来，以低于进价的价格将此前囤积的原料大量抛售，如果以每吨6000元购进，可能会以5800元甚至5600元抛售。

炒家联合起来进行的大量抛售，必然会引起价格大跌，一般会跌到5000元左右。此时，炒家们就会以相应的价格再次大量购进。如此辗转腾挪，炒家的购进成本大大降低，等到原料再次紧缺时，他们可能会以6000元以上的价格卖出。

此外，大多数炒家对市场信息的变化具有敏感的把握能力，他们更多会选择与实体经济联系密切的工业原料。对于国家经济而言，实体经济是不可或缺的中坚力量，获利的可能与空间都会以倍数扩大，而与此相关的原材料自然也是投机热门中的热门。2010年4月，一位温州商人用于有色金属的投机资金达到了9亿元。

无处不见的投机分子，似乎在2010年无所不炒，在最热闹的IT行业，电子元器件也是他们暴炒的对象。2010年暑假期间，如果幻想商家正在暑期促销，那么实际情况会让你大吃一惊。那就是，你抱着“捡便宜”的心态去，会带着失望的表情回来，而始作俑者就是电脑市场此起彼伏的“涨声”。

在一片“涨声”中，涨得最厉害、也最明目张胆的是内存，即2G的DDR2内存。2009年年底，这款内存价格只要100元左右，而半年后，就已经涨到350元。此外，机箱、电脑、音箱和鼠标键盘等电脑配件，都有程度不同的涨幅。

电脑涨价了，可以先用旧的。然而，电脑配件的涨价只是一个引子。在这背后是整个电子元器件猛涨狂浪。二三极管、电容电阻等，一天一个价，价格疯涨，有时，即使出高价也不一定能拿到货。

电脑配件的涨价可能影响面还较小，而电子元器件却足以影响诸多企业的生产经营。目前，中国是电子产品生产、销售大国。电子元器件价格的大幅度上涨，造成国内很多上游行业及生产企业均出现供不应求的情况。

作为一家民营小企业,先发公司主营配电自动化设备,同时还为跨国企业代工。电子元器件正是其生产所需的原料,它常常在北京、苏州、广东、上海等地采购。但2010年3月以来,电子元器件价格的大幅上涨和交货周期的延长,使得先发公司的订单无法按期交付,不仅如此,企业利润也一点点被挤压得所剩无几。

深究电子元器件的涨价,似乎有一个明显的规律。欧洲国家金融危机并未消退,很多生产厂家在2009年就开始大幅减产。而从国内来看,电子元器件价格上涨,与广东、深圳一带的用工荒也不无关系。金融风暴肆虐时,广东、深圳一带的电子元器件工厂大量倒闭,工人纷纷“回巢”,虽然现在经济已经有所回暖,但工人并未完全“回潮”,与此前相比,电子元器件产量自然也会减少。

就此而言,电子元器件价格上涨,也有一定的必然因素,更何况,国际上原材料价格都在上涨。但如果仔细观察,就会发现其中蹊跷。猛涨的电子元器件,形势直追“蒜你狠”,背后必然有游资的影子。

之所以选择电子元器件作为炒作对象,主要有几方面的原因。首先是其身上具有炒作价值,炒家不会放过这种机会。无论电容、电阻,还是储存产品,都属于标准件,对于任何电子产品、电器型号的生产都适用。而且,电子工业的特点是,只要某个产品一旦选定一个品牌型号的元件后,在此后的量产过程中,就不会轻易变更设计。因此,任何一种型号的大品牌电子元器件,都有稳定的市场需求,以及持续的消耗。对于炒家来说,只要货源能够保证,一般不会为销售而发愁,可以等着高价出售。

其次,电子元器件的炒作似乎比大蒜和绿豆更容易操作。因为无论在中国或是全球范围内,某一种电子元器件的市场容量并不大。每一种电子元器件的流通市场规模在1亿元左右。如果想对某种电子元器件“下手”,只要控制30%左右的货源即可,计算下来,只需几千万元的资金就可投机。

从 2009 年第二季度开始，一些私募资金希望入股半导体等高科技企业，其中，不乏数个温州老板。半导体资深分析师顾文军表示:“我就知道好几家温州老板投资的半导体企业。楼市调控使大量温州民间资金从楼市撤出，当民间资本涌入电子制造业时，他们发现投机元器件似乎赚钱更快。”

于是，在市场上电子元器件货源充沛时，他们会大量囤积常用的知名品牌元件，涵盖所有的电容、电阻等。此后，他们开始充当“铁公鸡”的角色，只进不去，或多进少出，甚至干脆拒绝销售，以造成缺货的假象。等到价格上涨后，他们再将手中的存货售出，就可坐收暴利。

有些炒家还会直接与大的代理商私下“勾结”，将货源垄断。为了谋取利润，一些代理商和业务人员，也极有可能与炒家达成默契，直接将电子元器件生产企业的产品，拉到炒家的仓库中囤积，造成局部地区缺货，进而可以哄抬价格，获得利润。

无论怎样，炒家赢取的是利润，但受伤害的却是实体经济。电子元器件价格上涨时，下游企业会因为原料上涨而亏损，价格暴跌时，会造成生产企业的库存积压和贬值亏损。便宜都被炒家占尽，却让实体经济付出代价，这是一种不正常，也是不公平的现象。

2010 年就在这样一个投机狂潮中慢慢远去了。

一个时代的崛起和衰落，绝不是由一种力量主导的。而充斥着中国四野的投机狂潮，解决方案也不应是单一的。但是，在解决之前，我们首先要搞清楚一个问题，即这些投机者究竟是何方神圣?

第二章

谁在投机中国

据中国人民银行数据显示，截至2009年3月，仅中国居民储蓄存款高达246920.53元，此外，企业存款为181713.04亿元。这些庞大的数字证明了中国的经济热度，却解释不了实体经济举步维艰的事实。

究竟是谁在投机中国？

汇率战争：一个故事的隐喻

有一个关于汇率的故事，我们可以当作笑话，也可以当作寓言。

一位名叫“索罗斯”的美国人对远在东方的中国很感兴趣，他决定从美国银行贷款 10 万美金，前往中国居住两年。入境时，人民币对美元的汇率是 8∶1，于是他的 10 万美金就从中国银行兑换成 80 万元人民币。索罗斯在中国痛痛快快地玩了两年，吃穿住行、消遣会晤共花销 20 万元，剩下 60 万元。

这时，他要回美国了，而人民币和美元的汇率变为 4∶1 了，按照新汇率结算，索罗斯换回 10 万美金，只需要 40 万元人民币，这下他高枕无忧了，可以把钱拿回家还给美国银行了。更好玩的事情还在后面，别忘了，索罗斯手里还多出来 20 万元人民币呢，他就按照新汇率再兑换成 5 万美金，高高兴兴地拿着钱回国了。

这个索罗斯太幸运了，他在中国玩了两年，还净赚 5 万美金，天下还有这样的美事？如果他早知道是这样，就从美国银行多贷些款了，按照同样的公式计算，如果当时带来的是 1000 亿美金，那走时就带回 1500 亿美金……

再如果，索罗斯不止是在中国玩两年，而是把钱用于投资房地产和其他投机品，那他赚到的就更多了。

这故事看来触目惊心，却是真实世界的写照。

中国的外汇储备，有相当大一部分就是这些索罗斯们的美金，这些巨额资金在中国流动的时间有长有短，他们一离开中国，美金带走了，人民币留下了，在中国国内市场上乱窜的货币，必然演变为一股庞大的投机力量。

过去几年一直被媒体当作谈资的话题是，中国崛起了，中国力量不可忽略。甚至在金融海啸席卷全球的时候，中国的媒体也兴致盎然：风景这边独好。事实果真如此吗？

美国最大的问题在于失业率增高，欧洲的问题是货币贬值，欧元区担心一系列由此引发的多米诺骨牌效应，中国似乎可以独善其身，在全球化的背景下，只有人民币保持坚挺。然而，这真的说明，我们所在的这个国家有什么桃花源一般举世皆醉我独醒的秘密吗？

用郎咸平的话来讲，中国受的其实是内伤。因为内伤是无法从外表观察到的，表现在外部就是通体发红，貌似很健康，血液循环很正常，但这其实是非常诡异的体征。最严重的内伤就是汇率问题。

几乎所有中国人都在这场高烧不退的盛宴中洋洋自得，殊不知我们身处在一个巨大的危机中。这场危机一旦爆发，将是毁灭性的，这并非危言耸听。而引发这场危机的，很可能是一个微小的事件，发生在任何领域都有可能——失去理智的楼市、身染重疾的股市、你方唱罢我登场的农产品、涉及制造行业和重工业的原材料价格普涨、各类具有升值潜力的投资品……而所有这些领域的共同特征就是投机。

汇率，将是这些投机市场最终瘫痪的一根引线。

2010年初春，互联网有一份“中国房地产崩盘时间表”，之所以在短时间内受到网友们的热捧，在于表单所传达的信息——中国房地产崩盘在即。这种寄望于“天下大乱”的国民心理，充分说明中国的房地产已经得罪了大部分国民。从“时间表”中得知，中国2005—2008年楼市走势与日本1985—1991年的走势有着惊人相似，并且根据这个表格推测，中国房地产市场将在2011年像当年的日本那样彻底崩盘。

尽管各路学者又出来辟谣，认为这种推理游戏缺乏理论依据，忽略了众多复杂的外部因素等，然而中国房地产市场在每次调控之后报复性上涨的事实摆在那里，不容分辩：2006年大量资金进入房地产市场，2007年房价飙升，2008年房价下降，2009年地王频出。

显然，巨额资金的入场是房价被暴炒的最大原因。为什么巨额资金全部涌入房地产市场？稍具判断力的人都明白其中的根由——其他项目不如房地产市场来钱快，因为整体投资环境恶化了。制造业出了严重的问题，中国的实体经济严重产能过剩，在金融危机以前，有西方人吸纳我们的天量货物，但现在，他们忙着勒紧裤腰带摆脱金融危机，中国就像做了一锅米饭的饭店老板，看到店里的客人都跑回自己家救火去了，根本没工夫吃他做好的饭了。

这锅饭怎么办？要么倒掉，要么降价卖给仅剩的几位客人。这就是美国“趁火打劫”，要求人民币升值的原因——人民币就是他们手里的饭票，饭票一升值，1块钱就能买下以前10块钱的米饭。

还是2010年春天，某媒体文章振振有词，称自己有充分的证据证明，那个口口声声宣称其他国家操纵汇率的美国，其实才是真正的操纵者。比如，在2001—2006年，美国对外总负债增加3.856万亿美元，但是净负债减少1990亿美元，净赚资本收益4.055万亿美元，其中操纵美元贬值贡献8920亿美元，压迫别国货币升值制造资产价格变动净赚3.163万亿美元。

然而，这种证据似乎并没有让美国人感到一丝压力。这个全球最大的

“汇率操纵者”，现在就是明火执仗，要不就让中国的米饭烂到锅里好了。回想一下历史，美苏冷战用了近30年，现在，同样的套路几乎箭在弦上了。

汇率战争就是这样一场可能引发爆炸的导火索，中国不健全的市场经济已经充斥着浓重的投机味道，现在，美元又要在这湾浑水中趁乱捕鱼了。这也解释了，为什么中国政府死死守住人民币，拒绝升值——这场关乎生死的较量，才刚刚展开。

内外夹击的巨额资金

有一个全体中国人都关心的问题：为什么一夜之间，身边的人们都发财了，这么多的钱都是从哪里来的？有钱人富裕的程度让人瞠目结舌，这到底是怎么了？

因为我们的货币系统出了问题。凯恩斯说过："要颠覆现存社会的基础，再没有比搞坏这个社会的货币更微妙且更保险的方式了。这一过程引发了经济规律的破坏性一面中隐蔽的全部力量，它是以一种无人能弄明白的方式做到这一点的。"

显而易见，中国已经陷入了货币超发的泥潭，事实上，这是金融危机以后，大部分国家都面临的困境。

2008 年全球金融危机爆发以来，世界各主要经济体都实行了宽松的货币政策与积极的财政政策，为市场注入了大量的流动性：美国人掏了 7000 亿美元救市，其中勇于购买金融机构股份的有 2500 亿美元；德国的救市资金是 5000 亿欧元，其中，注资金融机构的是 1000 亿欧元；法国是 3600 亿欧元；英国政府则向国内三大银行注资 370 亿英镑……

救市，成了金融危机中最有力却也最微妙的字眼。如果说救市是不得已而为之，那么为了救市而增加的天量货币，则为投机埋下了伏笔。这是一场历史的悖论，它让各国在未来的数年中，疲于奔命。

2009年春天，美联储宣布在接下来的半年里，将会购入3000亿美元长期国债，同时，进一步购入7500亿美元抵押贷款相关证券和1000亿美元“两房”债务。此举的宣示意义明显，美国正式进入量化宽松货币周期，加印纸币用以救市成为美联储主席伯南克的大胆冒险。

欧美各国忙着清理国内的乱局，为了应对金融危机，想方设法放宽货币政策。而中国也加入了这场救市的行列。2008年9月，中国货币政策转为适度宽松。

经济低落，利用发行货币来提振经济士气，这种做法无可厚非，但货币发行带来的大量流动性，又会引发人们对未来通货膨胀的预期，却是经济领域中一个棘手的难题。

在各国救市政策引发的通货膨胀预期下，2009年全球大宗商品价格出现大幅反弹。以2010年中国农产品价格诡异暴涨为例，超发的货币可谓“功不可没”。

根据观察者的暗访，很多炒股的人开始炒别的了，他们“炒菜”、“炒粮”、“炒元件”。其中，尤以“炒粮”令人深恶痛绝。情绪激动者对此声称：“炒房子也就算了，粮食这种人命关天的东西也拿来炒，就应该枪毙。”

在期货市场上，操纵价格的不是从事农业生产经营企业，而是投机者。投机分子把农产品价格推高，继而引发社会秩序紊乱。这种以践踏国民利益获取私利的行为，的确应该为人们所不齿，然而，真正导致资本进入农产品市场的体制，似乎更应受到问责。

现在，问题已然变得相当严重。国家发改委在2010年夏天判断，排除突发事件和异常情况，下半年居民消费价格指数将在3%左右运行，10月份以后将有所回落。

冰冷的事实狠狠地给了这个判断一记耳光：从下半年开始，CPI 不断刷新，9 月为 3.6%，10 月为 4.8%，11 月更是达到了 5.1%。

汹涌的投机资本，让发改委的发言人也只能硬着头皮说出了实情：与 2004 年和 2007 年物价上涨时相比，这次上涨不是因为供给短缺而引起的，而是流动性过剩引起的——通俗地说，市场上的钱太多了。

2010 年截然分为两半，上半年，号称史上最严厉的楼市调控政策，以及股市的持续低迷，让观察者推测从这两个市场上出来的巨额炒金会转入其他领域。到了下半年，全世界的钱都多得花不完，特别是随着美国实行量化宽松货币政策，这么多的钱又去往何方？

这些问题，想想都让人头皮发麻。在中国山东济宁，一位大蒜投资者说，2010 年 6 月 24 日至 29 日的一周时间里，就有将近 7 亿元资金涌入金乡，导致每斤大蒜的价格每天上涨一块钱。

货币的去向显然有了答案，在一个不计后果货币超发的时代，除了投机，资金拥有者似乎无暇他顾。

在全国最著名的农贸市场——北京新发地批发市场上，一位来自山东金乡的商户正在讲述他的耳闻目睹，他说在金乡囤蒜炒蒜的人突然多了起来，而且 2009 年赚了上千万的人不在少数。

观察者的推测得到了印证——从房市和股市上挤出来的投机资本，选择了农产品市场。国家高级官员出面斥责这种投机行为：绿豆、大蒜等小品种，除了产量的波动，正越来越成为游资炒作的对象，这让以往只具备消费功能的产品越来越像金融产品了。

除了房地产市场和股市溢出的资金，从煤炭市场上被排挤出来的天量资金也加入了“投机协奏曲”。2010 年，山西省重拳出击，展开了煤炭产业整改，原先不规范的小煤窑被收归至大型集团旗下，而民间投资者们也被踢出了局，至少有100亿元的浙江民资由此撤离。这些“闲钱”转而挑选了新疆棉花作为投机对象。下半年，到了新疆棉花的丰收时节，媒体记者们又拥有了喜爱的故事——民间炒棉团携巨资进入棉花市场。

中国投机资本“买涨不买跌”的习性，和“会心一笑”地做高项目的“高超技巧”，使得资本蜂拥而进，农业领域成为重灾区。过去每年农产品的价格上涨一般要到9月份才表现出来，2010年很多农产品涨价都提前了，显然要拜投机者所赐。

国内投机者已经足够疯狂了，国外投机资本也来凑热闹。

由于特大干旱，俄罗斯小麦大幅减产，夏天，俄罗斯官方发布谷物出口禁令。作为全球小麦出口大国，俄罗斯的禁令立即在国际市场引发排山倒海的反应。全球最重要的农产品交易所芝加哥期货交易所小麦期价当日以涨停价报收，创下23个月以来的新高，并带动玉米期价盘一度触及一年以来的高点。

全世界的农产品合力奏响了“牛市协奏曲”。联合国粮农组织政府间谷物工作组负责人表示，全球食品价格正面临空前的上涨态势。该负责人预测，全球粮食不足问题需要两个年度才可能稳定下来，农产品价格坚挺的态势可能持续到2012年。

粮食紧缺，已经让农产品具备了上涨的空间，投机者的火上浇油让粮食短缺变本加厉。从国家层面而言，中国的粮食进口出现了巨幅增长，并且10年来破天荒地从美国大量进口玉米。有关数据显示，2010年1—11月中国谷物及谷物粉进口量达到551万吨，相比2009年同期267万吨的进口量，翻了一倍。

有机构预测，2011年中国的玉米进口量将持续这种上涨态势，极有可能从2010年的150万吨增至740万吨，创下历史最高纪录。事实上，2006年之前，国内玉米还能少量出口，但之后玉米进口量不断增多，到2009年进口 70 万吨，出口 10 万吨，成为玉米净进口国。

全球性的宽松货币政策，让全世界的钱都面临着过剩的危机，中国尤其严重。如此过量的人民币可谓泛滥成灾，在国内大手笔投机之风未能得到有效控制的情况下，中国人手里的闲钱流往世界各地。

据中国人民银行数据显示，截至 2009 年 3 月，仅中国居民储蓄存款高达 246920.53 元，此外，企业存款为 181713.04 亿元。这个数字表明，中国民间资本的确高得令人诧异。

"有钱"是近 30 年来，普通中国老百姓梦寐以求的事情，自从 1978 年中国开始实行市场化改革，由此前的计划经济向市场经济过渡，也开启了中国人富裕的闸门。然而，富裕的表象掩盖不住惊人的贫富差距，而且，穷人是大多数。

另一个令人心理失衡的原因是，在相对成熟的商业环境下，每个人都有致富的机会，这也曾经是中国政府宣扬的价值观"勤劳致富"的含义，但现实的演变已经超越了时代的愿景。在如今日益规范的市场上，却上演了混乱的投机大战，几乎所有的"东西"都能当作商品交易，包括各类农产品、劳动力、制造品等。我们似乎忘记了一个真理，市场的自由度和"自由"本身的概念并无区别，当我们认同自由是相对的这一概念时，却对"市场自由"放任不理，结果造成了如此的自由投机。

更可怕的地方是，涌动的投机资金已经不满足于在国内流窜，尽管国家鼓励资本走出去，但这看起来也并非易事。因为并非所有拿到国外的钱都能顺利地花掉。在并购过程中，有相当一部分资本颇有"折戟沉沙"的味道。

中国企业结队前往国际市场进行跨国并购，这本来是值得书写的美事，但萎缩而沉闷的国际资本市场和国内体制的局限，让很多企业的美梦化作泡影。

对于中国企业而言，进军国际市场是一个恢弘而雄壮的目标，只是，对经验老到且复杂多变的国际市场来说，中国企业尚显稚嫩，中国资本尚欠"火候"。由此，碰壁也就不可避免。

据麦肯锡研究，在过去20年全球大型企业兼并案中，取得预期效果的比例低于50%，具体到中国，67%的海外收购不成功。投资各类金融市场同样存在风险。事实证明，的确如此。

2008年2月13日，中国投资公司向黑石集团的投资已报亏12.18亿美元，中国资本第一次大规模"出海"，就被迎头泼了一盆"凉水"。2008年3月20日，富通股价收于15.16欧元/股，相比平安19.05欧元/股的均价，平安投资富通一役，账面负亏高达4.06亿欧元……

2009年年末，受金融风暴的影响，全世界热钱折戟迪拜，其中，仅温州人资产蒸发就在20亿元左右。惨痛的教训，让一直在中国房地产市场游刃有余的温州"炒房团"第一次真正面对血淋淋的事实，也让温州资本直接感受到国际投机市场的残酷。

被称为奢华之都的迪拜，是阿拉伯世界第一个允许外国人购置房产的地方。向世界解禁的当天，迪拜房地产就开始起步，短短十年间，当地房价飙升3～4倍。约占迪拜华商十分之一的温州商人，都不同程度地在当地投资房产，结果，随着迪拜政府控股宣称"迪拜世界"债务偿还暂停6个月，将100%暴利的惊人泡沫直接引爆。其中，上海中洲集团董事长胡宾，是被套得较惨的温州商人之一。2007年1月，迪拜平均房价增长了一倍，2008年10月，当地房价已经超过4300美元/平方米，在这波房价狂飙下，胡宾来到迪拜。

2007年10月，胡宾斥资2800万美元买下迪拜世界岛中的"上海岛"，计划投资12亿元人民币开发58栋别墅。但是，没有想到的是，从2008年9月开始，迪拜楼价狂泻，下跌幅度高达25%，结果，在"上海岛"，胡宾只做了一个“壳”,就被套了。

身处国内的经营环境中,中国资本原本就缺乏对海外投资环境的深度认识,加上金融风暴像自然灾害一样不可避免,它改变了国际金融市场的投资环境,导致世界经济失衡,很明显,也加剧了中国资本投资海外的风险。因此,中国资本,尤其是民间资本,在走出去之前,要做好风险控制的准备功课,否则,“有勇无谋”的中国资本可能会一再重蹈被套的覆辙。

触礁反弹的资本,灰头土脸地溜回了国内,殊不知,国内也正为花不完的钱发愁。内外两股力量合流,形成了更强大的游动资本,让这些钱老老实实地存在银行里,似乎是天方夜谭。

富可敌国的“中式财团”

中国人有钱,这已经是不争的事实。但这些财富大体分散,只有少数几个区域因为产业发展和历史积累,形成了财富的集聚效应,也就成为连篇累牍的媒体故事中,那些令人吃惊的“中国式财团”——温州的炒房团、山西的煤老板,这是最具代表性的两个“财富组织”。

先来看温州人。对于“水深火热”的普通人而言,不免对温州人的财富有些嫉妒,更让人平添烦恼的是,似乎有利可图的地方,都有温州人的影子。他们就像30年前的日本人一样,具有超强的购买力,当年的日本被称为“可以买下整个美国”,而今天的温州人有相似的说法:“温州能买下整个中国。”

温州人善于投资的历史由来已久。在中国变得如今日般生机勃勃的过程中,温州的资本力量不可或缺。早在2006年,温州可流动资金已经达到了惊人的5000亿元人民币。当时流传着一笔账:温州人手里的现金可以买下两个江西(2006年江西国民生产总值为2830亿元),可以整体收购中部相对发达的重庆(其国民生产总值为5456亿元),可以操纵上海(2003

年上海国民生产总值为6250亿元)……

这还只是账面数字,如果将国内外温州人的固定资产计算在内,外加各种投资和贷款,总计可以筹集到17万亿左右的资金,这笔资金可以买下整个中国(2004年全国国内生产总值为136515亿元)。

这种说法固然带有演绎的成分,然而温州资本数量之庞大却无可否认。有一个细节可以说明温州民间资本的伟业:每到春节前后十余天是一个"疯狂资金回笼周期"。从全国各地通过银行汇到温州的资金高达30亿元,平均每天3亿元。

这些资本主要由两部分组成:银行储蓄和民间游资。截至2009年年底,温州市本外币存款余额已达4244亿元,其中一半是活期存款。而散落在民间的巨幅民资超过3000亿元。

中国人有钱的程度超乎很多人的想象,更可怕的地方是,如此海量的温州资本,拥有着对市场和国家政策一种与生俱来的敏锐嗅觉。从2001年开始,中国的各种投资品市场进入快速升温通道,温州资本如同未卜先知的魔术师,它们频繁出入房地产、煤矿、棉花、小水电、石油等行业,斩获颇丰。加之,温州人在追逐财富时的那种闯关精神,总是能迅速抢占市场先机,当别人后知后觉地跟进时,他们已经转移到新的场所。

这场投机盛宴,从遍布全国的脚印勾勒出温州资本的炒作轨迹:

20世纪末,温州民间资本浩浩荡荡闯入上海、杭州等地商品房市场。2001年,温州资本兵分两路,第一支购房团前往上海,另一支前往杭州。仅此一年,投资在房地产的温州资本就高达2000亿元。注定将"名留史书"的"温州炒房团"由此诞生。之后,温州炒房团以摧枯拉朽之势,所到之处,当地房价应声暴涨。

2002年,国家能源告急,煤炭是其中魁首。在山西这座产煤大省,本地煤老板苦于资金紧缺,无法扩大产能。温州资本又嗅到了金钱的味道,他们手握巨资，鱼贯而来。用旁观者的话来讲，当时“在山西任何一个产煤县市，都活跃着温州炒煤团的身影”，山西省60%左右的煤矿被温州人收购。根据山西省安全生产监督管理局的统计资料显示，在山西由温州籍投资者经营的中小煤矿有300多座，累计投入资金约30亿元，年产总量约2000万吨，占山西煤炭年产量的4.5%。

又过了一年，棉花减产导致棉花价格出现上扬，温州30亿元资本进入产棉大区新疆，收购新疆棉花，此举让新疆棉花价格猛然飙升，一年后，高位抛货的温州资本，获利退出；同一年，全国普遍出现“电荒”，几十亿元温州资本又排队进入四川、重庆等水电资源富饶的地带，电火雷鸣下再次饱囊而归；随后的几年，温州资本买什么，什么就暴涨，本来只是风吹草动的事情，被巨额游资一追捧，就变成了铁打的事实。有色金属矿产、石油等资源无一例外。

越来越多的投机资本，必然不满足于只在国内小打小闹，“国际化”也是他们的目标。温州人炒房炒到了迪拜，收购生意做到了巴黎。曾经以善于经商闻名的犹太人，在这些来自中国温州的投机者眼里，也不过是耍点小聪明而已。

毕竟，温州资本的集聚，除了炒作的原因外，还和温州人善于追逐市场有关。而另一个财团——山西煤老板，则纯粹是一夜暴富的典型。

山西人爱吃面食，刀削面也是风靡全国的山西面食之一。坊间流传，很多煤老板在陪客人吃饭时，总要来一碗刀削面，但一碗刀削面未免寒酸，为了显示自己财大气粗，同时照顾客人的面子，他们就想出了用鱼翅拌面的吃法——“鱼翅拌刀削面”，可以和历史上那些奇巧怪异的故事相提并论了。这也从侧面印证，山西煤老板，富可敌国。

这样一个依托于煤炭的特殊群体，在山西这个经济乏善可陈的省份，成为全国人茶余饭后的谈资。

鱼翅拌刀削面其实只是小儿科。自从1999年的北京国际车展以来，神秘买家都会光顾每年一度的车展，而每次出手都令人惊诧，豪车不怕价格高，只要是新品，肯定会被成批买走。这些神秘的买主十有八九是山西煤老板。在山西，煤老板们大多数乘坐奔驰、宝马和悍马，通常一人还会拥有多辆豪华车，这么多车买来并不完全是自己开，还可以送人——以宝马作为礼物，可想而知换来的回报有多高。

在山西，流传着这样一则新闻：山西煤老板们某次集体逛车展，一口气买下20辆悍马，其中，15辆被孝义的煤老板买走，剩余5辆被古交的煤老板买走。

山西煤老板显然和传统意义上的晋商大相径庭。在历史上，晋商向来以节俭不露富而闻名，电视剧《乔家大院》更是将山西商人的诚信和忧国忧民的壮志情怀描绘得淋漓尽致。时过境迁，山西商人却变得"财气外露"，即便是低调，也只能低调在隐藏发家的故事这一方面了，就连胡润这个结交范围很广的"首富榜单"制作人也只能含混提到：在上榜富豪中，山西煤炭老板占据了1/3。

煤老板是这个时代造就的经济怪胎。毫不扩张地说，山西省是一片煤炭的海洋，煤田总面积为5.5万平方千米，占全省面积的1/3。很多没去过山西的人见到山西人就说，你们家后院是不是拿铁锹一挖就是煤？即便这种问题有夸张之嫌，但山西煤炭储藏的广泛却并非虚言。加上国际能源普遍紧缺，山西注定成为财富暴增的地方。

悲哀的是，这种财富的激增，依旧只是集中于少数投机者手中。背后的秘密故事，和煤炭的颜色一样乌黑不可见人。

据权威统计数据显示，改革开放30多年来，山西累计生产原煤65亿吨之多，占同期全国煤炭总产量的30%；累计调出原煤45亿吨，占全国省际净调出量的80%；出口占全国的70%。山西省社会科学院能源经济研究所所长王宏英曾表示："今后20年到30年，中国的煤炭行业离不开山西，中国的能源也离不开山西。"

一时暴富的山西煤老板，不得不庆幸自己赶上了好时候。在20世纪末，煤老板们的境况远非如此。当时，每吨煤炭的价格为40元左右，低时甚至为20多元，谁家有煤矿就等于倒霉。一个在山西开矿的外地人，每次到快过年的时候，只能选择在晚上，将头用衣服包起来，偷偷溜走，就怕被讨债的人看到。还有一些煤老板们在过年时都有家不能回，正月的寒冷季节里，也只能躲在干枯的河滩上，躲避债主要债。

面对无人理睬的煤炭行业，山西政府陷入财政吃紧的焦虑之中，随之出台了各项招徕民营资本进入煤炭领域的优惠措施。

从2000年开始，好日子来了。

随着国内经济的快速发展，能源行业显示出强劲的增长力，煤炭价格也开始复苏。2002年，煤炭价格骤然高涨，最高时期，临汾的焦煤售价为300～400元/吨，而成本只有60元左右。一位煤老板的回忆令人眼红："一天净赚几十万很轻松，每天能做的事情就是数钱，都是现金。"

随着中国经济的不断升温，煤炭财富在短时间内急剧增加，伴随而生的是身价过亿的煤老板群体。物极必反，不再低调的煤老板显然无法解释背后巨大的资金秘密，而国家对于煤炭投机也不能再听之任之，规范化成为时代的又一个选择。

现在，煤老板，这个几乎在全国最能代表暴富奇迹的称呼，正在经历从天堂到地狱的转变，即将退出历史舞台。

2008年9月2日，山西省政府颁布《关于加快推进煤矿企业兼并重组的实施意见》，煤炭整合被提上日程。按照山西省重组规划，煤矿数量将从2600个减少至1000个，煤矿企业数量从2200个减少至100个左右，小煤矿将彻底终结。

河东河西，也不过几年。如今的煤老板，再无昔日风光。被“一刀切”的政策逼得毫无退路的他们灰头土脸，此时透过社会舆论再看他们脸上的表情已不是一掷千金、品位低下、暴殄天物，而是黯然退场。在这场与资源、政策法规以及行政命令的博弈中，再强大的民间资本攻势，也成强弩之末。

事实上，当代中国的热度神话中，凭借资源优势和商业资本的结合，造就新的神话，本身就是一种天生残缺的模式，其间掺杂着好大喜功和多快好省的冲动，而这些瞬间积聚起巨额财富的团体，并不能代表整个中国。他们是个案，是投机的天然主体——我有这么多钱，怎么花？当然要让钱生钱，找一些投资回报率高、周期短的项目。项目紧缺，那就炒几个项目，反正都是用钱堆出来的故事。

投机，就在这样的逻辑中，横行中国。

造城运动：垄断资源和巨型资本“甜蜜一家”

有人说，中国的城市千篇一律，但凡一个城市，必然有一座城市广场，而城市的格局和各种功能毫无特色，几乎是同一个模子刻出来的。更有甚者，提出了大胆的质问，这是市场经济还是计划经济？为什么身处不同地域的城市，都像流水线上造出来的？

答案很简单，一种模式被证明成功之后，自然会应用到其他地方。这种工厂化的运作模式，掀起了现代中国的造城运动。

模式本身并无是非之分，然而这种造城运动却引发了“多快好省”的弊病，导致地方垄断资源与商业资本的强力合体，继而在一些特定区域形成了无限放大的“投资神话”。

我们知道，中国是最不缺经济奇迹的地方。然而，当鄂尔多斯在某一天突然登上报纸头条，号称“GDP 超过香港”的时候，很多人都忐忑不安地猜疑起来，这座中国北部的小城，会不会是另一个“卫星”？

费正清说过，任何人都无法想象当代中国发展的速度。沿着这个逻辑推导，就能得出，GDP 的增长方面，世界增速最快的是中国，中国增速最快的是内蒙古,内蒙古增速最快的是鄂尔多斯。2000年,鄂尔多斯地区GDP仅为150亿元,2009年就超过了2000亿元,仅仅用9年的时间,鄂尔多斯的经济总量增长了10倍以上。

曾经有人问一名鄂尔多斯官员,这座城市的发展模式是什么,他这样回答:"依靠资源,而不依赖资源。"接着他可能还会反问:"资源条件、基础设施比鄂尔多斯好的地方有很多,为什么偏偏是鄂尔多斯?"

但是,无论怎么回答或反问,不可否认的是,鄂尔多斯的公共财政和个人财富,就是凭借煤炭带来的第一桶金,迅速完成原始积累。

鄂尔多斯是中国最大的煤炭富集区的核心地带,在鄂尔多斯8.7万平方千米的土地上,48%是无人居住的沙漠,但70%的地层下都埋藏着煤矿。

目前,鄂尔多斯已经探明的储存量超过1600亿吨,预计储量近1万亿吨,约占全国总储量的1/6。这个曾经以农牧业闻名的带有诗情画意之地,现在已经变成了名副其实的黑金之城,每向前走一步,脚下踩的都是财富。

一座城市的幸运与否,往往源于同一件事。鄂尔多斯的煤炭资源为城市带来了更具有想象力的未来,同时也为发展模式刻下了畸形的影子。

农牧业遭到抛弃,资源的垄断者和外来资本结合,开始一场疯狂的"掘金"盛宴,人们脑海中对草原脆弱的生态不再关心,只是充斥着对财富的渴望与冲动。

更具有启示意味的是,与山西、河南等储煤大省不同,鄂尔多斯的煤炭多为浅层煤,开采方式多为露天开采,用当地人的话讲,即"扒开草皮就是钱"。这让一场轰轰烈烈的新造城运动更加肆无忌惮。

举一例便知,马某是鄂尔多斯数以百计的小矿主之一,他拥有10平方千米的煤矿,原住此地的牧民得到补偿搬迁之后,他的推土机迅速开进矿区,在地上推出30米左右的深度,就可以看到成片的煤炭。

这些煤炭给他带来体验财富的机会。当煤矿年产160万吨时,他体会的盛况是:“每天进账200万元现金,数钱数到手麻!”

盛宴总是不缺乏宾客。随着鄂尔多斯的煤炭储存天量消息四散而开,各路资金纷至沓来。面对一项“一本万利”的生意,投资者的野心会变得空前膨胀。

2008年煤炭市场火爆之时,一个原价为1.5亿元的煤矿,在半年之内转手两次,就可以炒到16亿元。在此过程中,一些煤矿贩子利用空手套白狼,轻而易举就能赚几千万元。“那是一个捡钱的疯狂年代,只要和煤炭沾边就能致富。”一位鄂尔多斯人如此感叹。

煤炭开启了轰轰烈烈的造富运动,暴富的故事在鄂尔多斯天天传颂,每一个鄂尔多斯本地人,甚至来此工作几个月的外地人,都能够滔滔不绝地讲述几十分钟一夜暴富和一掷千金的故事。据鄂尔多斯市某局长表示,在鄂尔多斯,亿万以上的富翁至少有2000个。

鄂尔多斯人变得空前富有,根据统计,2009年,鄂尔多斯的财政收入就达到365亿元,每天的财政收入为1亿元。这个数字,对于大多数城市来说,可望而不可即,却在一个加上外来人口总共才75万人的小城市实现了。在这种背景下,人们并不太关注鄂尔多斯痛苦的过去,曾经的鄂尔多斯是内蒙古最贫穷落后的地区之一,1978年时,全市区财政收入只有1900万元,人均不足20元。

很短的时间内,鄂尔多斯人体会到了从地狱到天堂的差距。到处充斥的资本和一夜致富的神话,让人们蠢蠢欲动,触目惊心的狂欢在城市中屡屡上演。

在鄂尔多斯,攀比和炫富等非常规心态,已经成为常态。因为都“不差钱”,每个人都铆着劲,暗中进行较量。在一次购房活动中,一大群亲戚朋友结伴而来,有人要150平方米的房子,另外一个人肯定要180平方米的;一个人选择6层,另外一个人肯定要选择更高的楼层;一个人购买一套房,另外一个人肯定至少购买两套。

此外,这种“比着买”的心态,也催生了鄂尔多斯豪车遍地的现象。在鄂尔多斯,全市约有5000多辆陆虎,其中,市区有2000多辆,各旗县有3000多辆。根据2009年一位汽车厂家代表来鄂尔多斯进行市场调研结果显示,2009年英国陆虎在中国销售的90%都在鄂尔多斯。

上百万元的房车,在普通人看来,需要耗费一辈子的积蓄,鄂尔多斯人却轻而易举购入,背后支撑的是雄厚的资本,以及那种巨额资金带来的虚妄。

在鄂尔多斯,民间盛传着这样一句话:“家家房地产,人人典当行。”在街道上,抬头就可以看到典当行、投资公司和担保公司的招牌。在鄂尔多斯东胜区黄金地段的中心巷,不足1千米的街道两旁,就有十几家典当行。

这些遍布街巷的典当行,实质上就是地下钱庄。高利贷是不能回避的项目。“他们的钱多得花不完。吃吃喝喝也花不了多少钱。那边签合同的那位大哥,昨天跟我说他请几个朋友在鲍鱼王子吃饭也才花了几万块。”一位熟知内幕人士表示,“他们的钱都放了高利贷,高利贷在这边不是秘密”。

这个不是秘密的秘密,带着投机者的血腥和迷茫。

2009年5月,一位地下钱庄老板拿到了放贷三个月所得——280万元汇款和近30万元利息,之后,他辞退了最后一名员工。尽管在此后,他仍旧接到两个借款电话,但他毫不犹豫地拒绝了:“干这个就是刀口上舔血,起码现在我要收手了。”此前,他进行的业务,就是将熟人手中的钱以每月1%~2%的利息借进来,然后再以3%~5%的利息贷出去。这种赚钱方式简单,却因为缺乏有效的监管,充满着更多的不确定性。

鄂尔多斯居民的参与性却异常高涨。据内蒙古大学的一项调研显示,

50%的鄂尔多斯城镇居民,参与了放款与借款的资本活动。

不规范的民间融资,由于没有正式工商注册手续,其数量自然难以统计。据不完全统计,2009 年鄂尔多斯各类投资资金高达 5000 多亿元,其中民间资金有 3000 多亿元,活跃的资金尚有 1000 多亿元,其中,大部分钱进入楼市。

这种资本流向,直接推动了鄂尔多斯地区房价的飙升。即使在 2008 年全国楼市不景气的大环境下,鄂尔多斯的房价仍旧每日见涨,2005 年东胜区的商品房价格还仅为 1200 元/平方米,2009 年时就上涨到 5500 元/平方米,短短 4 年时间,房价上涨了将近 5 倍。

不要忽视,这是一座相当于地级市的小城市。资本的力量是巨大的,小小的城市装不下如此天量的资金,于是鄂尔多斯人携巨款四面出击全国房地产市场,"鄂尔多斯炒房团"名气直追"温州炒房团"和"山西炒房团"。他们一个团队十几个人,一掷千金买下整栋楼,北京的数家酒店就是如此被买下改造而成的。

非理性的繁荣带来的是一个个奇妙而令人神往的财富故事,然而,事情的实质往往相去甚远。

2010 年,美国《时代》周刊刊登了一篇题为"鬼城"的文章,将鄂尔多斯房地产市场推到世界关注的前台。"鄂尔多斯是一座现代化的空城,作为 100 万人新家的康巴什新区鲜有人居住,15 分钟内不见一个行人,驶过的汽车不到 10 辆。正是这样一座'鬼城',其新开楼盘的房价已达 6000 元/平方米。与沿海一线城市一样,这里也同样充斥着炒房团的身影。"

鄂尔多斯的神话,被时间证明,只是一个神话。这场悄悄进行的造城运动,因为一则报道不胫而走,成了 2010 年最具魔幻色彩的投机故事。

第三章

投机游戏的秘密

每个游戏都有自己的规则，投机游戏概莫能外。然而，这个游戏规则虽一目了然，却在细节上缠绕着无数秘密。了解这些秘密，可以得知我们身处的时代，究竟潜伏着多少需要根除的毒瘤。

以股市为例，那些套路多样、业绩将要暴涨的股票，背后却是不为人知的烂摊子。当你看到一只股票，明明知道这是只垃圾股，但有一个神秘力量却会告诉你，最垃圾的股票将获得最神奇的增长——中国股市上的这种现象屡见不鲜，因为有投机集团在操纵整个过程。他们编造一个美丽的故事，让你确信跟着这股力量走，终将鸡犬升天。当你信以为真，兴冲冲地加入其中，一心等待有所斩获的时候，故事又开始上演急转直下的情节，多少曾经的证券英雄，最终证明只是无耻的黑幕操纵者。

投机者的把戏，并非小概率事件。可悲的是，我们更愿意相信这个美丽的谎言，并合力将故事推向绚烂的绝壁。

炒房团大杀四方

但凡关注中国房地产的人，大概都或多或少地听说过神秘炒家的故事。在这些故事里，他们或者腰缠万贯金钱，或者腰缠万串钥匙。这些人其貌不扬，但是“走得慢、穿得烂，怀里揣着几千万”。对于房子，他们都是“先知先觉”的大买家，只要有新盘落成，售楼处的客人里必然少不了他们的影子。

事实并非如此简单——炒房是一本万利的事情，也是考验财力和财技的游戏。

中国房地产市场已经走过20余年的美好时光，这20年是改革开放取得巨大成就的阶段，也是房地产这种兼具投资和居住的商品在中国发生异化的20年。一种只涨不跌的商品，其发展趋势往往不正常，中国的商品房就是其一。

窥视其中的奥秘，原因大概如下：商品房开发成本不断提高，尤其近年来城市土地实行的“招拍挂”政策推高了房价成本；商品房需求旺盛，中国正处于城市化进程之中，城市人口的不断增加导致住房需求的增加；开发商追求高利润，有关资料显示，在中国十大高利润行业中，房地产名列榜首，而提高房价就是获得高利润的最直接、最有效的手段；此外，从宏观背景来看，中国经济的快速增长，必然也会传递到房地产市场及其价格上来。

然而，表面的原因恐怕还是炒房者。投机肆虐的中国商品房市场，恰恰反映了当代中国人对财富的疯狂追求，而那些匪夷所思的投机手法更是令人大开眼界。

根据《深圳蓝皮书：中国深圳发展报告(2007)》数据显示，深圳市领到产权证后半年内就转手的住房占住房总套数的30.31%，得到产权证后3年及3年以上转手的住房占住房总套数的28.11%。由此可以看出，相当一部分的购房行为不是为自住，而是用于投机。

就是这种不断的投机行为，人为地造成了房地产市场供不应求的局面，形成虚假需求，炒高了房价，从这个角度而言，“炒房”是房价上涨毫无争议的助推器。

“大杀四方”的炒房团霸气外露，豪言壮语并不能掩盖他们的疯狂投机。

自2001年起，在北京、上海、杭州等大中型城市的售楼处，经常可以看到一群驾车而来的外地人，他们总是统一决策、相依而买，动辄就是几十套、上百万元。他们就是来自温州的“炒房团”，推动中国炒房热潮、引领随后各地炒房大军的始作俑者。

这个故事的开头就显示出不规范的商业环境中常见的“魔幻色彩”。

2001年盛夏，温州100余人组成的炒房团开赴上海，三天内买走了100多套房子，5000多万元现金砸向上海楼市。其后，每年有数十亿元的资金由温州进入上海，一些周边地区资本也开始跟进，加上当时股市萎靡不振，人们相继将资金投入房地产市场，导致陆家嘴、徐家汇和青浦区等热点地区的楼盘价格急剧走高，到2003年年中，淮海路一带的商品房价格已经突破 20000 元/平方米大关。

这只是开始,紧接着,找到了“炒房”这条全新投资通道的温州人包了三架飞机集体飞往深圳,参加新龙岗商业中心二期楼盘开盘。当天,600 多套商铺被抢购一空。随后,在 12 月 12—14 日为期三天的深圳房展温州推介会上,温州购房团掷下 1.3 亿元,成为深圳 400 多套商铺或住宅的业主。

炒房团的“壮举”从此进入“深水区”,开始四面出击:向北越过长江,征战北京、济南、青岛、大连等;向西奔赴武汉、南京、重庆、成都等;向南到海口、三亚、厦门等。温州炒房团所到之地,房价往往都出现明显上涨,很多城市的房价甚至超出了当地人的购买力。这样的情景一次次上演,在不同的城市,不同的时间,上演着相同的版本。

纵观温州资本的延续过程,似乎也验证着这样一条规律:在原始积累初期,企业家将自己最突出的优势当成划开市场的利刃,成功地进入市场;在完成原始积累之后,开始着手构建一个完整的企业;在企业达到一定规模之后,资本于是迈开了集中和积累的脚步。但是资本投资是把双刃剑,其所携带的风险性不能忽视,特别是当资本的投资结果被过分放大,进而演变成投机时,风险就会随之而来,最终的结果可能是血本无归。

走过十年的炒房团,最终在人人喊打的愤怒情绪中迎来了政府的严厉打击。

2010 年 4 月以来,国家频繁出台地产调控措施,并实行金融紧缩,一部分温州人开始持币观望。2010 年 4 月 17 日,国务院发出《关于坚决遏制部分城市房价过快上涨的通知》,提出十条举措,被业内称为房地产“新国十条”,也称为“史上最严新政”。

重拳之下,温州人似乎并未感到危机,而后果却验证了政府的威力。就在“新国十条”发布的同一天,温州太太炒房团约 50 人赶赴安徽徽州区一个大型地产项目，这也是温州太太炒房团最惨淡的一次。50个人的团，只有一个人预订，交付了5000元订金。更具戏剧性的是，即使这唯一的预定也在回到温州后被退订了，置5000元的订金于不顾。

但同时，在房产新政背景下，也有些更为坚强的温州资本，选择在此时“逆风飞扬”。

就在国家连续出台房产新政后，温州市郊区“铂金府邸”楼盘最后一期开盘，均价为每平方米45000元的近百套房源被认购一空。当场，很多购房者表示，首付50%和基准利率1.1倍的贷款利率在承受范围内，并表示只要年升值率达到20%，就比将钱放在银行里变死钱，比通货膨胀后钱贬值，强上几倍。

囿于本地的资金似乎还在继续投机的狂欢，而更具对抗性的“炒房战争”依旧在负隅顽抗。新政发布的一个月后，温州平阳县21个购房者赶赴新疆伊犁，先由当地经商的老乡考察伊犁及近郊霍城、霍尔果斯等地楼盘，签订55套之后，还谈了一个三星级宾馆的转让意向。目前，伊犁期房均价为3000元，鉴于伊犁到乌鲁木齐的铁路新近修通，预示着这个口岸城市的房地产将迎来新一轮上涨行情。

随着温州人集体到全国各地看房、购房现象日益普遍，其获得的高额利润也招来更多的同盟军。在现实利润的驱动下，山西、深圳等地也组成了自己的炒房军团。在北京，很多价格较高的房子被山西煤老板买走，他们曾坦言，“将钱放在房子上，比放在银行里放心”。

政府的重拳似乎只起到了一个震慑作用，舆论纷纷，我们将再次陷入房地产调控“越调越高”的历史泥潭中，当时看来，这种富有规律的调控将又一次成为笑柄。

在与政府的博弈中，炒房团的经验显然更胜一筹。出于资本获利的炒房团，其购房的目的绝不是自住，而是单纯的投资手段。他们往往乘虚而入,逢低大量吸纳房产,将房价炒高之后,进而转手倒卖。所以,他们所到之处,往往会引起房价一片上扬。

无利不起早,商人如是,资本更是如此。不断高涨的房价,是吸引游资投机房地产市场的诱饵,而在不断的投机中,又会导致房价的上涨,投机者的获利增加。

随着中国城市化进程加快,建设用地越来越少,必然导致住房供应紧张,价格持续走高的局面。而投资房产,无疑可以从房价走高中谋求一部分收益。有着15年房地产从业经验的王某,2005年,以12000元/平方米的价格,在北京市朝阳区京广桥附近购买了一栋面积近500平方米的商用楼。2009年,此处房价上涨到25000元/平方米。一倍多的收益,让王某享受到了炒房的乐趣。

同时,与这栋楼巨额的增值相比,其维护所需的投入却极低,只有水电费、取暖费和物业管理费等基本开支。国家在税收和房地产政策的不完善,无形中降低了投机者“囤房”的成本,也为炒房留下了足够大的操作空间。

作为民生的基本条件和保障,住房不同于一般商品,带有准公共产品的性质。如果被囤积或投机之后高价出售,对绝大多数人极不公平。由此,世界很多国家对居民购买多套房产进行规范和限制。在新加坡,一人占有多套房屋或炒房屋牟利,被视为犯罪行为;为抑制房地产投机,新加坡还出台了严厉的规定:购房后,如果在10年内卖房,政府将无条件征收100%的所得税。在美国,一个家庭只能买一套享受政府优惠政策的住房,同时,从金融、税收政策等各方面对购买二套以上的住房或交易加以限制。

对房产的保有环节征税,占有越多房产,税收就越重,使人们不能占有多余房产,就会降低房产投机者的积极性。

事实果真如此吗?还没有答案。对房产税的情绪,从一开始的万民期待，到现在的质疑频出，核心要素都是如何让脱缰的房价重新纳入轨道。遏制房产投机，成了下一个五年计划中最重要的一项任务。最终的结果是什么——征收房产税，加大保有环节负担，借助政策和经济杠杆共同遏制炒房，还是炒家将成本转嫁给接棒者，继续“逍遥法外”？

一切皆有可能，关键在于在这场时代的博弈中，占人口大多数的普通民众是否会成为最终的赢家。

股市：从江湖步入庙堂

1990年6月，35岁的中国人民银行上海分行金融管理处副处长尉文渊受命筹建证交所。这位名不见经传的副处级官员一时间高居庙堂。

尉文渊空手上任。十年后他对友人说，“当时年轻，如果知道以后的沟沟坎坎，就不接这个总经理了”。上任之后，他第一个想到的人是万国证券总经理管金生。彼时后者正沉浸在炒卖国库券的快乐中，而全上海可作为会员的证券公司只有3家——万国、申银和海通，比较成型的股份制企业也只有11家，够上市资格的则仅有6家。

几番艰苦公关，上海证券交易所终于在年底鸣锣开市。锣声响毕，尉文渊血气上涌，竟然当场晕倒。在开市前夜他就发着高烧，但当天晕倒更具象征意义——这位中国证券市场的开路者，开启的是潘多拉魔盒。在那里面，有大把的财宝，也有凶猛的毒虫。

上海筹备开市的同时，深圳心急火燎。过去的一年多时间里，深圳一直在向中央申请开办证券交易所，但迟迟未得回复。尉文渊在上海一阵紧锣密鼓，让深圳人决定加快脚步。

1990 年 12 月 1 日，深圳交易所抢在上海之前开市。尽管开市，实际上并没有得到中央政府的正式批文，开市仪式也低调得多。匆忙开市的深圳交易所甚至没有电脑交易系统，第一天成交股票 8000 股，采用的竟是最原始的口头唱报和白板竞价的纯手动模式。

中国股市诞生的过程如此仓促忙乱。尽管如此，中国资本市场还是在 1990 年年底形成了最初的格局。以沪深两个交易所为中心，中国公司将在资本战役中上演投机与商业并行的诡异大戏。

两年后的 1992 年 5 月 21 日，成了中国资本市场进入狂热涨潮期的浮标。

当天，上海证券交易所仅有的 15 只股票放开了价格限制，股市瞬间暴涨。上证综合指数收盘于 1265 点，一天就翻了一倍，成交量也创下了新纪录——3.6 亿元。接下去的 5 天，上海股市继续保持惯性上涨，直到 5 月 26 日，上证指数达到 1429 点，然后回落。

这次暴涨铸就了中国改革过程中的财富机器。从这天开始，中国股市将以神话缔造者的角色进入普通人的日常生活。此前，从未耳闻一个人的财富能在一天之内翻番上涨。对于追逐财富的中国人而言，几乎不设门槛的股市就是一只巨型聚宝盆，每个人都期待在股市走一圈就赚得一生的财富。

很多人并不明白，当他抱着巨大的投机心理卷入这架机器之后，或许自己的后半生也就此划定。悲哀和狂喜，总有一个是结局，不幸的人却是大多数。

要了解中国股市这架疯狂机器的秘密，有必要了解它的过去。

20 世纪 80 年代后期，政府依然沿袭着自下而上的摸索思路，默许基层改革者勇敢闯关。传统体制边缘的一批人，成了闯关的排头兵。不难想象，他们向体制外谋求生存和发展空间成为理所当然之事。

早期的股份制企业就是在这样的背景下诞生的。举个例子便可明了，中国最早的一家股份制企业是北京天桥，这是一家在传统体制内处于底层的小型集体企业。我们都知道，在当时的社会语境下，所谓的集体企业，意味着与国有企业在等级序列上存在巨大差距。而另外一家最著名的股份公司“延中”，则是一家为了吸纳回城知青就业而专门创办的街道集体企业。最初的股份制公司，除了寥寥数家正统的国有企业之外，所剩皆为体制外企业。

显然，中国股份制企业的改革和拉开1978年大幕的“安徽小岗村”，在逻辑上高度一致。

中国股市在诞生之初，也和小岗村一样，具有某种奇异的活力——当时证券市场的投资者，更像是一批艰苦的创业者。那个最早因为炒股而名扬天下的杨怀定号称“杨百万”，他回忆往事时说，那时我日日夜夜在全国各地跑，现在面孔这么黑，就是那时晒黑的。

杨怀定，这位中国股市中最早获得成功的人，作为一个符号，他的身份很有寓意。当时只有社会最底层的人才会“迫不得已”选择股市，他们和“个体户”别无二致。事实上，杨怀定在投身股市之前是上海铁合金厂的工人。

就是这种独立于权力体系之外的个性，铸就了这批人在市场经济活动中的高度灵敏和嗅觉，因为除此以外，他们别无他法。

杨百万的成功，伴随着中国股市最基本的格局：一批投资人，一批股份制公司，一个集中交易的场所。尽管有人从中获得了奇迹般的财富，但此时的中国股市仍然是一种象征大于实际的金融场所。

民间社会需要一个自由活动的资金江湖，股市这片江湖却只是一个小水池。

如果从公平性而言，改革初期的市场经济即便存在种种缺陷，但对于闯关者来说,那是一个黄金年代。当时的地方权力机构和规模资本并未对这种新型的金融活动表现出热情。闯关者的角色,就是试金石。

1992 年 5 月 21 日,上海放开股价,此后,中国证券市场和席卷南中国的地产热潮一起,成为中国暴富的标杆。当这块石头被证明是金子之后,权力和资本鱼贯而入。

曾经的江湖,变成了庙堂。其间充斥着巨额资本和权力关系,中国的股市已经告别了短暂的草根时代,转而进入庄家时代。权力和垄断资本的加入极大地增加了中国股市的合法性,为中国股市在这一时期的加速膨胀注入了强大的动力,同时也为重重黑幕埋下了伏笔。

短短几年以后,20 世纪还未结束,中国的股市却已进入一个公开的"庄家"时代。

合法资源和合法地位的获得,使庄家有了海阔凭鱼跃的大型舞台。之后的故事我们已经熟知,中国股市中的庄家不仅资金实力急剧膨胀,而且呈现更加集团化和组织化的趋势。他们的名字也从"庄家"变成了"庄家集团"。人们更乐意将这些庄家集团传神地叫做"系",比如所谓的"清华系"、"德隆系"等。

个人投资者对于这些庄家集团的崇拜无以复加。

诡异的地方在于,即便以市场和商业原则衡量,庄家也是一朵恶之花。然而,在中国的现实却是,他们被神化为一种强大力量,并引来追随者无数,这本身就是中国股市的悲哀。更可悲的是那些投身其中的散户,他们无力改变格局,只能寄希望于拾人牙慧,即所谓的"与庄家同呼吸"。这也成了长久以来中国股市的生存法则,散户相信庄家是善意的,他们是为广大投资者谋福利的。

这无异于相信"失去监督和制衡的权力会全心为人民服务",显然,这是异想天开。

1999 年 5 月之后，中国股市的投资文化彻底倒向非理性的权力和资本崇拜——中国股市的权贵投机化。

一个明证即是，每当证券市场发生波动之时，一批带着明显利益背景的“学者”会渐次登场，用自己的“学术研究”误导舆论，蛊惑民众和决策者。此事本无可厚非，任何一个多元化的社会都有代替自己的利益主体进行游说的权利，然而这些看起来中肯评说的泡沫经济学家所代表的，并非光明正大的财富主体，而是背景神秘、来路不明的特殊利益集团，他们的唯一使命就是攫取超乎市场规则和伦理之上的投机利益。

这种背弃良知、一心投机的经济力量集中爆发于 2002 年。在这年的某次会议上，一批与证券市场关联程度较高的省市，联起手来向中国股市的高层管理者发难。

中国的改革史上，地方联手对抗中央的事情并不多见，然而这种看上去更像是自发而成的联盟早晚会将股市的光怪陆离引入整个社会，因为投机资本已经形成了天然的共同利益链。与其说高层决策失误，不如说这种决策伤害了大投机者的利益。

明眼人一看便知，股市“庄家”时代的中国，垄断投机资本已经成为股市无可争辩的主角。

股市再也不是草根投资者玩得起的游戏了，从江湖步入庙堂的中国股市，注定和其他投机盛行的领域一样，成为巨型投机集团的名利场。商业契约精神和诚信，被攫取超额利润的操纵者无情驱逐，中小投资者所代表的民间资本，难逃被猎杀和放逐的命运。

农产品天价，受益者并非农民

如果农产品价格高企，农民是最大的受益者，或许我们不会如此义愤填膺——在中国，农民从来都是弱者，尽管他们在人数上是庞大的。这也解释了农产品被投机者做高价格然后获取超额利润的时候，为什么普通中国人，包括农民在内，都觉得"太委屈"。

每年10月份是绿豆的收获季节，但2009年11月时，在吉林省白城地区，农民手中已基本没有当年新产的绿豆，很多粮农将收获的绿豆未经过筛选就直接卖给经销商。此后，收购价格仍是一路水涨船高，从2009年10月份新绿豆上市时的6元/千克，涨到8元/千克、12元/千克，最后涨到了18元/千克。

除在收购价环节抬价外，一些经销商在拿到绿豆后，因为看好后市，将价格炒上去，还采取囤货或限制出货的方式。尽量控制更多的绿豆，是游资炒高绿豆价格的关键筹码，而这也正是游资投机农产品的惯有手法。

就在刚刚过去的"大蒜投机战"中，游资的投机布局如此精心。为尽可能控制蒜源，谋求定价的主动权，游资甚至已经在种植环节跑马圈地。

2010 年，金乡县大蒜种植面积增加 15%左右。但 2009 年 5 月，金乡有近 40 万吨的陈蒜，2010 年 5 月陈蒜数量却只有 4 万吨。

2010 年大蒜投机在年初就已初露征兆。这年春节刚过，收购商就开始“认养”蒜农的蒜地。在大蒜收获之前，一些经销商与蒜农签订承包合同，用他们的资金“圈占”部分蒜地。这份合同从签订之日起，到大蒜收获，经销商“包”下蒜地的一切，包括田间管理和最后收获的大蒜，同时，蒜农则“无事一身轻”。

贯穿全年，金乡县被“圈占”的蒜地，大约占总种植面积的 1/10，这个看上去不大的比例却对大蒜数量的控制起到了魔法效应，成为投机蒜价的有力杠杆。

大蒜受控于投机集团手中，接下来的桥段就变得顺理成章了，层层加价倒手，将价格越炒越高。一般来说，大蒜投机手法主要有这样几种套路：

一是编造一个美丽的涨价故事，造成人们的涨价预期。

所谓预期，就是从事经济活动的主体在决定当前行动前，对未来经济形式或经济变动做出的一种估计。对于某项事务，人们心中有所预期，才会顺着预期的方向制定相应的策略和做出行为，而游资投机农产品，就是要让人们形成涨价的预期，然后再伺机炒高价格。

2009 年甲流肆虐，坊间就曾流传“大蒜能防甲流”，蒜价一度炒到天价仍供不应求。进入 2010 年，中国气候状况多变，北方倒春寒、西南大旱等客观原因，农作物种植面积减少等人为因素，都为游资投机大蒜提供了“原料”。

事实上，这类情况此前时常发生，但一经概念投机，涨价效应便会立即放大。

二是凭空炒作。

市场空缺的时候，并非所有的大蒜经销商都有可靠蒜源，但资金雄厚

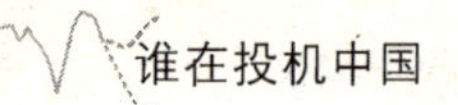

的投机商仍然可以一方面组织货源，另一方面发布供货信息，并以高价与下级经销商谈判。由此，在新蒜没有上市前，价格就已经被抬得很高。

这一招术在新蒜运作上最为适用。普通蒜农和中小经销商，缺乏储备条件，但新蒜在两个月内就会长芽，因此，他们必须在两个月内将手中的大蒜出手。看准了这一时机，游资不愁收不到货。现在，鲁南地区已形成职业的大蒜代收队，为大经销商代收大蒜，每千克收取 2 分钱的辛苦钱。

三是将库存大蒜死死捂住，静候市场短缺之后放出。

与普通蒜农和中小经销商不同，大经销商携带游资，资金充足，可以充分利用当地的冷库，为炒蒜提供便利。

一般来说，大蒜可以在冷库中存储两年而不变质。在此期间，大经销商凭借雄厚的财力，可以囤积居奇，等待大蒜继续升值。被大规模囤积之后，市场上流通的大蒜减少，价格自然上涨，如此一来，正中了大经销商的"招"。于是，大蒜的"马太效应"形成：大蒜价格越高，大经销商囤积的大蒜越多，而囤积的大蒜越多，大蒜价格就越高……

2008 年，新蒜收购价不到 0.1 元/千克，一年多过后，这批蒜的零售价被炒到 10 元/千克。前后价格的天壤之别，就是最好的说明。

当大蒜的价格狂涨猛追的时候，炒家就等来了预期中的好日子。某位大蒜投机者，在山东仅用于囤积大蒜的仓库就多达六七个，在价格炒上去之后集中抛货，赚了数亿元。与这位"高级别"的炒家相比，祖籍安徽的赵和明的级别堪称"初级"，但其经历却极具代表性。

经营外贸进出口生意 10 余年，吕勇昌积累了近千万家业。2009 年，无意间听朋友说起，农产品市场走俏，他朋友投入 70 万元到山东收购大蒜赚近 300 万元纯利润的事实，刺激着他走出了"炒"蒜的第一步。

2009 年，吕勇昌跟随朋友奔走山东、河南两省，了解大蒜种植状况。出乎他们意料的是，很多种植大蒜的土地在年初时就被承包订购。"当时，大蒜真成了抢手货,连种蒜农民的谈话语气都变得有些霸气了,他们不愁自己的蒜卖不出去,从外省专门跑过去收购大蒜的人络绎不绝。”

这种火爆的场景,给了初涉大蒜市场的吕勇昌一个美好的未来。他开始和朋友奔走于山东省各大大蒜种植基地,通过熟人想方设法收购大蒜。当时,囤积大蒜的冷库也变成抢手货,每吨租金从150元涨到230元,整个大蒜相关产业链空前活跃。

2009年,吕勇昌投入500万元收购大蒜,并将其囤积在本地冷库中,等待市场价格上涨后再清仓出货。2010年2、3月份,他将自己囤积的大蒜全部卖出,纯利润为500万元。现在,他又准备再次囤积一批大蒜。

当然,在市场经济时代,任何一个人或机构,都希望持有的资本在最短时间内最大限度保值、增值。这种目标原无可厚非,但如果将资本的增值建立在损害他人利益,或扰乱国民经济正常运转的基础上,则一定不是恰当的方式。

游资参与农产品流通,在激活市场上功不可没,但一个“炒”字,也暴露出这部分资金的投机弊端。在农产品被“炒”后,价格一路上涨,投机商通过囤货获取大量暴利,最终损害的是消费者的利益,其只能被动接受涨价的现实。价格剧烈波动也对中国分散的小农户极为不利。某种农产品被投机价格疯涨后,会形成强烈的示范效应,带来大规模的农产品价格快速上扬,而农产品一般属基本性产品,其上涨具有放大效应,极易导致整个价格失控,引发通货膨胀。

2007年,猪肉曾经上演过疯狂上涨,由此演绎了一个“CPI飞扬”的年代。时隔三年,带动整体物价上涨的主角变成以往不起眼的农产品,却一如既往地带来CPI的破纪录高升。国家统计局2010年4月份统计数据显示,当年CPI同比增长2.8%,环比上涨0.2%,创2008年11月以来新高。而其后的5月,价格上涨的压力并没有任何缓解,CPI涨幅距离3%的通胀警戒线越来越近。

面对几乎疯狂和失控的农产品集体狂飙，在日益严峻的CPI警戒线面前，任何迟缓的反应都将意味着失守。2010年5月26日，国务院召开常务会议，要求严打哄抬农产品价格的违法行为。与此同时，国家发改委、商务部和工商总局也联合发文表示，对违法情节严重者将追究刑事责任。

2010年已经结束，政府采取的措施暂时遏制住粮价疯涨的势头，然而，故事似乎还没有结束。

“投机大法”：无所不投的游资热钱

投机是古老的游戏，随着时间的推移，游戏规则也在不断更新。新玩家和新“技术手段”的出现，让这个游戏的筹码越来越大，玩法也越来越多。但万变不离其宗，“投机”无非是用时更长、资金实力更雄厚、消极影响更广泛的赌博罢了。

1711 年，为了向南美洲进行贸易扩张，当时的英国政府专门成立了一家公司——南海公司。作为英国设立的一个特许贸易公司，南海公司有着得天独厚的优势，进行的是垄断经营。即便如此，在成立后的 8 年时间里，南海公司除了向南美洲贩卖黑奴有所盈利之外，并没有其他收入来源。

1718 年，英国的国债已经高达 3100 万英镑。为了迅速筹集资金还债，英国政府作出了一个决定：将南海公司的股票出售给公众。为使自己的股票以高价卖出，南海公司开始了自我投机。首先，南海公司编造了一系列故事，欺骗公众公司发现了金银矿、香料，盈利前景十分可观。

很快，南海公司编造的梦幻般的利润前景，唤起了英国人的狂热，南海公司的股价也开始飙升。从1720年3月到9月,短短半年的时间里,南海公司的股价从330英镑/股上涨到1050英镑/股。

但是,就在人们为南海公司的股票狂热时,一件"插曲"发生了。当时,英国就要迎来第一次工业革命,大量民间企业需要筹集资金,为此,它们就背着政府偷偷发行股票,导致股票供应量大增。竞争对手的出现,减弱了南海公司股价上涨的动力。

为维护自身利益,进一步推高公司股价,南海公司采取不正当手段,买通国会议员通过了《反金融诈骗和投机法》,阻止其他公司通过发行股票融资。随着法案的颁布,南海公司的股价被进一步推高,人们又开始争先恐后购买南海公司的股票。

股价不会无休止地上涨,熟悉内幕的人士,诸如一些政府官员,在南海公司股价高涨时卖掉了所持的股票。内幕人士的大举抛售,引发了持股人的慌乱,他们也开始疯狂抛售,结果,南海公司费尽心机堆起的股价泡沫,就这样被打破了。

在南海公司的股价泡沫中,当时的英国财长是受益者之一,赚取了90万英镑的巨额利润。但是,更多不知情的投资人却成为苦命者,其中包括大名鼎鼎的科学家牛顿,泡沫破灭冲走了他2万英镑。事后,牛顿伤感地写道:我可以准确地计算出天体的运动规律,但我却无法计算出股票市场的变化趋势。由此可见,头脑发晕、被泡沫所伤的并不只有凡人,聪明如牛顿者也不能免俗。

由此可见,编造谎言和利用行政权力是南海公司炮制股价泡沫的两大手法。虽然市场经济允许自由竞争,但自由毕竟不是无限制的自由,仍旧是处于一定法律与道德框架下的自由。而投机者,往往将这些"限制"与"框架"视若无物,在不按规则出牌之下,只要是可以将资产价格炒高并保证自己能够从中获利,各种方法都可以一试。

历史总是惊人的相似,中国的股市正在上演曾经的疯狂。

现在,虽然市场上没有游资的具体统计数据,但根据各大游资营业部的表现,尤其是对“巨额投机集团”的初步统计,仅浙江一带的游资群规模就不下200亿元,扩张到全国,估计有千亿元之多。

“江湖”排名第一的东吴证券杭州湖墅南路,手握资金20亿元,经常出现在众多股票交易排行中,一年成交额高达700亿元;排名第二的国信证券深圳泰然九路,手握资金10亿元,持股时间相对较长,且手法低调,极少出现在买入第一位;排名第三的中信证券新闻路,手握资金8亿元,经常出现在热点个股的龙虎榜中,不过,在单独操作中,时有亏损情况出现;排名第四的光大证券宁波解放南路,手握资金6亿元,是江浙游资的典型代表,崇尚价值投资,擅长超级短线……

尽管每一组“资本集团”手中握有的资金不同,且投机手法也各有侧重,但“游牧”的性质相同,这也决定了其“打一枪换一个地方”的“游击队”特性。

这些游资具有一些共同特征,首先就是速度奇快。

既然是游资,其强劲生命力的来源之一,就是游动的速度,而这也是其最大特点。当人们还沉浸在对股市的沉思和预测中,游资已经完成了建仓、拉升、出货等一系列动作,赚得钵满盆盈。

速度甚至还成为部分游资崇尚的至高原则,制定“不论盈亏第二天坚决卖出”的规定。在他们看来,今天涨停的股票,在后一个交易日,一般也会延续良好的势头,出货肯定能有盈利。如果不幸亏损,也不会改变策略,因为后一个交易日也不会亏损过多。

游资的第二个特征是,超强的市场判断力。

股市有一个奇怪现象,即“敢死队”选择的股票,往往都会有人跟风买入,这也解释了游资屡屡在股市获利的原因。

其实,游资口袋里不仅仅有钱,还有超强的研究能力。他们擅长基本面与股价关系的分析,而且往往会对最近可能出现的重大题材提前进行研究,最后,还会对选出的题材进行排序,以确定最终的“袭击”对象。此外,他们往往还能准确把握大盘的走势。

凭借这种“魔力”,诱惑散户跟进,然后再将散户“抛弃”。诱惑与抛弃之间,是游资们赚取的利润。

第三个特征是善于编造故事。

面对股市市场频繁冒出的热点,很多散户和投资者感到眼花缭乱,常常拿捏不准,尤其是市场处于弱势时,很多机构都感到无从判断。

不过,事后可以想象,这些热点十有八九是游资而为,他们在众多板块进行表演,医药、农业、3G、券商等板块都可能成为疯狂投机的题材。他们甚至还会无中生有地发布消息,误导其他投资者。

对于游资亲身编织的“圈套”,投资者稍有不慎就会跌入,成为游资的资金“供给者”。

游资的最后一个特征是喜欢冒险。

富贵险中求,这一规则,对游资股票投机同样适用。他们看得异常明白:看似越危险的地方,实际上可能最安全。

因此,被游资选中的股票,并不是人们普遍认为的安全股,而是大家公认的危险股票。2008 年四川汶川地震过后,对于灾后重建股,大家通常认为复牌后的结果应该是大跌,但实际情况恰好相反,有些个股甚至连拉几个涨停。其中,游资就有参与,而这也正说明游资的独特眼光。

但是,在游资的投机“字典”中,也有一个禁忌,即高度控盘股。对于此类股票,他们不会去触碰。原因很简单,游资需要庞大的“跟风者”,才能在出货时顺利全身而退。但如果游资购入庄家高度控盘的股票,很少散户会跟进,相反,还可能会遭遇庄家的算计。

因此,机构持仓超过50%的股票中,很难见到游资的身影。

游资就是现代经济的魔术师,他们用眼花缭乱的手法蒙蔽观者的眼睛,吸引你投身而来。只要他的表演能吸引足够的观众,就有了获利的保证。作为普通投资者,要洞悉魔术的秘密,只有以身试法,被魔术师糊弄的时间久了,自然也能领悟到一些皮毛。然而,本质在于,魔术本身就是虚幻的,如果视其为一个真实世界而无法自拔,输家注定是这些跟风者。

第四章

罪在谁手

全球制药巨头默克公司创立100周年时，出版了一本关于公司成长经历的书，名字叫《价值观与梦想：默克百年》。一家创立百年的公司，书名却并没提到公司是做什么的。这就是奇妙之处——在默克看来，价值观和梦想显然比他们辉煌的过去更重要。

对梦想的坚持，是所有成功的跨国巨头共同秉持的价值观。然而，不容乐观的是，就在我们生活的社会语境中，商业梦想已经在过去的岁月中遭到遗弃。一家平凡的制造业公司本来可以在一个简单的梦想维系下，最终成就无数奇迹——最杰出的锅具公司、手套制造公司、皮鞋公司……

而现在，几乎80%的企业都倾向于将公司变现，然后将钱投入类似于房地产这样的“风险低、周期短、回报高”的投机类行业中。房子和金融市场，可以让一个国家立于不败之地吗？答案是否定的，这如同告诉一个人，每天不吃饭，晒太阳就能活下去一样荒谬。

究竟是谁造成了这种荒谬？

资本：生来就注定投机

投机之罪显而易见，但用作投机的资本天性如此。正如马克思所说：如果有10％的利润，资本就能保证到处被使用；如果有20％的利润，它就会活跃起来；如果有50％的利润，它就会铤而走险；如果有100％的利润，它就敢冒绞首的危险；如果有300％的利润，它就敢于践踏人间的一切法律。

面对利益，资本总是呈现出一种热情和急迫的态度，始终追随着利润的脚步，哪里有利润，哪里就有资本的身影。

在众多逐利的资本群体中，温州资本"独树一帜"。

20世纪80年代，温州家庭几乎都以个体经营形式从事加工制造业。到20世纪90年代末，在个体加工的基础上，温州逐渐形成了产业的集群，生产的打火机、眼镜、小五金、阀门和皮鞋等产品，占据了全国甚至世界市场的重要份额。然而，随着制造业的利润逐步降低到现在的5％左右，温州的资金开始转向房地产等利润超过25％的增长行业。

在排山倒海的中国民间资本阵营中，温州资本表现出了先知先觉的过人之处，以拓荒者的姿态出现在中国经济舞台上，占据着霸主地位。因而，温州资本的风吹草动，就成为民间资本投资的风向标。

近年来，从炒房、炒煤、炒黄金，到炒棉、炒电、炒矿产，虽然没有涵盖温州资本的所有投资领域，但在一定程度上，勾勒出温州资本的流动轨迹。

哪里有利润，哪里就有温州资本的身影。温州资本总是具备一种气场，能够将所到之处、所投入的领域，搅动得风生水起，令人侧目。1998 年到 2001 年，温州民间资本进入当地房地产，促使房地产价格以每年 20%的速度递增，温州市区房价从 2000 元/平方米飙升到 7000 元/平方米以上。1999 年，温州民间资本开始进驻上海、杭州等地房地产市场。仅此一年，投资在房地产的温州资本就高达 2000 亿元。

2002 年，全国能源紧缺，煤炭价格更是飞涨。面对煤炭这个高投入产业，山西煤老板自有资金有限，温州资本找到了用武之地，浩浩荡荡涌向山西煤矿。当时，“在山西任何一个产煤县市，都活跃着温州炒煤团的身影”，山西省 60%左右的煤矿被温州人收购。根据山西省安全生产监督管理局的统计资料显示，在山西由温州籍投资者经营的中小煤矿有 300 多座，累计投入资金约 30 亿元，年产总量约 2000 万吨，占山西煤炭年产量的 4.5%。

2003 年，由于棉花减产，全国棉价上升，温州 30 亿元资本进入产棉大区新疆，新疆棉花价格一路飙升，温州资本在第二年获利退出；2003 年，全国普遍出现“电荒”，几十亿元温州资本轻松进入四川、重庆等水电资源富饶的地带，刮起阵阵“红色热浪”；2006 年，商品期货呈现牛市，温州资本开始将触角伸向有色金属矿产；2007 年，石油价格上涨，50 亿元温州资本涌向西部，大量收购油井……

与此同时，温州资本并未满足于在国内的东突西奔，还“插足”于国际市场，在欧洲经营小百货，在美洲打造零售连锁巨头，甚至将炒房炒到了迪拜。巴黎市三区的市长街和庙街一带,过去一直是犹太生意人的地盘,如今却成为温州人在巴黎的聚集地之一。街上汇集了温州人经营的服装、皮具、首饰等批发零售商店。

内外并举的温州资本似乎印证了一种潮流——在一个企业的初创期,创业者难免用最擅长的方式刺开坚固的市场,从而登堂入室;此后,依托这种资本扩张的方式,走向较为完整的企业模式;紧接着是资本扩张和聚集的大幅迈进之路。

然而,用于投机的资本是高风险与高回报并存的。在当代中国不完整的市场环境下,投机资本也必然面临危险的结局:强大的中央政府乐于见到富有活力的增长,同时也忌惮民间资本信马由缰的天性。在市场日益规范化的过程中,野蛮生长的投机资本很快将迎来黄昏。

凭空而来的天量货币

质问投机的疯狂，便是质问我们所处的世界。

几乎所有人都有共鸣，那就是全球经济都处于泡沫时代，再往上回溯，便可发现，一切都源于资本流动过剩，通俗而言，就是我们拥有了太多凭空而来的货币。

表面来看，资本的流动性过剩，指的是全球的钱太多。到处都是钱：中东石油的“钱”很多，俄罗斯与加拿大自然资源的“钱”很多，美国高科技的“钱”很多……在华尔街，开放式基金、对冲基金、私人股权基金公司，随随便便就有上百亿，甚至上千亿美元的管理规模。

现在，曾经金融市场不发达的中国，也感染上流动过剩这种“富贵病”。

自 1971 年布雷顿森林体系崩溃后，美元的发行与黄金储蓄挂钩，美元完全虚拟化，流动性过剩就成为全球经常发生的一个现象。比较经典的流动性过剩案例发生在 20 世纪 80 年代，日本、韩国等货币升值带来的货币供应过分扩大。全球新一轮流动性过剩的根源，则来自于美国。2000 年美国经常账户赤字达到其 GDP 的 4.2%，创历史新高，为应对“9·11事件”，美联储连续减息，在2003年6月将基准利率降至1％，受此影响，全球各主要经济体一度普遍实行低利率政策，导致各主要货币的流动性空前增长，出现了全球流动性过剩。

在全球经济失衡的诱导下，大量资金从美国流入以中国为代表的亚洲新兴经济体，从而导致这些国家也出现流动性过剩。

自2003年以来，中国经常项目和资本项目出现“双顺差”。国际资本大量流入，直接导致中国外汇储备如火箭般蹿升。2006年10月，中国外汇储备突破1万亿美元，2007年6月上涨到1.3万亿美元。

按照中国外汇管理制度，外汇收入必须结售给中国人民银行，而央行为收购外汇，必须增加货币发行。巨大的贸易顺差数字，带来的是巨大的外汇占款，在此状况下，央行不得不发放与之相适应的基础货币，至此，巨大的流动性开始“起航”。

2000—2006年，央行外汇占款由14814.52亿元增加到84360.81亿元，央行通过公开市场操作和提高存款准备金等措施对冲3.9万亿元，基础货币增加4.6万亿元。

受此影响，2005年7月人民币开始升值。2005年6月1日，1美元可以兑换8.2765元，但两年后的2007年6月1日，1美元只能兑换7.633元。

与此同时，货币供应量也逐渐提高。2004年时，狭义货币供应量（流通中现金＋企业活期存款＋机关团体部队存款＋个人持有的信用卡类存款）为106.09万亿元，2005年上涨到118.48万亿元，2006年为135.66万亿元，2004—2005年增长率为11.68％，2005—2006年增长率为14.5％。而广义货币供应量（狭义货币供应量＋企业存款中具有定期性质的存款＋居民储蓄存款＋外币存款＋信托类存款）在2004年时为283.18万亿元，2005年上涨为328.73万亿元，2006年为387.13万亿元，年增长率分别为

2004—2005年的16.9％、2005—2006年的17.77％。

加之国内实际存款利率过低、信贷加速扩张因素，内因外因相结合，共同导致中国资本流动性过剩的现状。由此，也引发了一轮又一轮的投机热潮。正如全国政协经济委员会副主任郑新立所说："最近这几年外汇储备比较多，中央银行金融货币投放比较多，再加上国外资金的流入，所以，我们整个资金流动性过剩。这些资金现在一个冲向房地产，另一个流向股票市场。"

2007年，中国股市陷于狂热的泡沫膨胀，投资收益约占中国企业利润的1/4，其中包括一些表面上没什么投资理由的公司在内。事实证明，投放的资金并未被用于有助推动经济的投资，而是被拿去投资或投机赚快钱。

这么多的货币如从天降，蜂拥而入证券市场和房地产市场，剧烈的震荡早晚会发生。除了天量货币的增发，货币无处可去也造成了投机风行的现状。以前经济赖以增长的"三驾马车"似乎只剩下了投资——消费和出口都深陷困局，实体经济在虚拟投机的冲击下变得脆弱不堪。

贸易之路走入死巷

中国外贸的风光，在金融危机之下不可避免地走入死巷。一批制造企业的倒掉和农民工返乡潮，让中国经济需要更长远的打量。

2008 年 3 月，曾经有“沃尔玛烧烤炉全球最大的供应商”、“东莞市民营企业 50 强”、“东莞市清溪镇最大纳税户”等诸多光环的金卧牛实业有限公司宣布破产。

金卧牛公司创建于 1992 年，依靠出口订单做大做强，2008 年，已经拥有七个工厂和两个贸易公司。它生产的烧烤炉全部外销，每年向沃尔玛、百安居等世界零售巨头出口 200 万台烧烤炉，鼎盛时期，年销售额高达 1.5 亿美元。2007 年 6 月，金卧牛公司更是成为大陆烧烤炉行业唯一一家直接向沃尔玛出口产品的企业。背靠沃尔玛这棵大树，金卧牛公司却没有在树荫下乘凉多久，仅 8 个月后，即主动向沃尔玛提出停止供货。

众所周知，沃尔玛是著名的“吸血鬼”，为保证自己的低价优势，在与供应商谈判时，常常将价格压到最低，导致供应商只能依靠微利支撑。作为完全依靠出口的企业，金卧牛公司为签下订单，只能按照微薄利润制定价格。但是,接踵而至的成本上涨将金卧牛公司打了个措手不及:金卧牛生产烧烤炉所需的钢材大幅涨价,冷轧板从4300元/吨涨到7800元/吨,部分核心钢材涨到9000多元/吨。同时,美元开始贬值,人民币遭遇升值,加上国家降低出口退税,“三拳”打下来,直接将金卧牛打倒。为避免亏损,只有选择停产。

这是一家制造企业的命运,也折射出中国大部分制造企业的走向。一直以来,中国制造业以出口为导向,2006年,中国出口额开始大于进口额,制造业的出口已经占到全国贸易总额的近42%,呈现一种“井喷式状态”。

美国记者萨拉就曾这样描述:“我发现了大量叫人惊慌的事实。我翻检的前5件衣服,4件都是中国制造,其中还包括两件售价250美元的香奈尔女装外套。”同时,她还有一个更震惊的发现,在她家的39件圣诞礼物中,有25件是中国制造。

但是,2008年金融风暴袭来,中国出口遭遇重创。2008年12月,中国出口额出现负增长,出口总额为1111.6亿美元,下降2.8%。此后,中国制造出口情况有所缓解,但并未恢复此前的“盛况”。

金融危机造成的国外需求减少,固然是不可忽视的原因,但人民币升值等因素带来的成本上升造成中国制造竞争力的削弱,是一种更为危险的因素。

2009年12月,中国服装出口仍未脱“负”,同比下降4.8%。2009年下半年起,棉花、化纤等原材料价格一路攀升。在此状况下,一些服装企业却不敢随意涨价,恐客户将订单转移到东南亚等地区。一位企业负责人就表示:“因原材料价格上涨,一谈到提价,不少客户就表示要将订单下给越南、印尼等东南亚地区的工厂。今年春季的订单,按往年的情况,基本在这个时候已经订好,等3、4月进入出货的高峰期,但现在部分客户还在观望,使得我们不敢轻易上调价格。”

在全球经济大比拼的时代，永远追兵四起。现在，中国制造业的竞争力仍保持在相当水平，但随着时间的推移，在成本上涨的压力下，竞争优势可能会被其他“新秀”比下去，到时，更多的出口订单可能被转移。

近年来，在中国的周边，一批“追兵”确实成长起来。印度开始直追中国经济增长率，平均劳动力成本比中国更低，且专业人才质量不在中国之下；作为东南亚发展程度最高的中心，新加坡在不遗余力地宣传印尼的廉价劳动力，或许，在中国制造成本上涨的情况下，一些公司可能将部分投资机会分散给印尼；孟加拉国和越南成本优势更为突出，服装厂工人最低工资仅为45美元/月，土地、水、电灯能源价格也非常优惠。

据一位香港出口商表示，在越南等国开设一家1000人左右的服装厂，投资仅需要600万～700万港元，同样规模的工厂设在中国，投入的资金则要几倍。

毫无疑问，东南亚国家正以低成本优势威胁着中国“世界工厂”的地位，订单转移也成为金融危机之后困扰中国制造企业的另一个危机。

2008年，国际市场大批成衣订单转向孟加拉国，将其出口订单提升30%，价格低廉是其一大优势；2009年年初，耐克在中国的订单越来越少，大部分转移到越南和马来西亚；2010年1月1日起，美国会员制仓储巨擘好事多的英国分公司取消所有来自中国的商品，订单可能转向马来西亚等东南亚国家……

制造业面临困局，巨额的中国资本试图走出海外进行并购，却再次触礁而返。

2009年，被称为规模最大的中国资本海外收购计划半途而废，中铝对澳洲力拓195亿美元的收购计划，最后以力拓支付中铝1%的违约金而宣告结束。

宁肯毁约支付1.95亿美元给中铝，澳洲力拓也不接受中国人195亿美元的“大礼包”,其背后是超越于“生意”甚至“经济”之上的国家利益使然。澳大利亚害怕的是手里握有的“全球最大的铁矿”落入中国人之手,而失去在世界铁矿市场的话语权。

中国资本的海外投资遭遇的最大壁垒,不是来自“生意”层面的利益分歧,而是事关所谓对方“国家利益”层面的经济利益都无法逾越的坚硬壁垒。

纵观中国资本、中国企业的国际化道路,很少有一路坦途者,中海油收购优尼科、海尔竞购美泰、南汽上汽竞购罗孚等,都是困难重重。

近年来,中国电信制造巨头华为集团的海外拓展也屡屡受挫。1999年,华为正式进入印度市场,在印度有1000多名员工,其中95%以上是印度员工。从2001年开始,华为正式在印度设立软件开发中心,2005年年初,华为计划对印度软件中心增资4000万美元,并提出投资6000万美元在印度建立新生产基地的方案。因为看好印度电信市场,华为做出增资的计划,同时,也可将印度的雇员人数提高至2000人。很明显,这是一个双赢的项目,但方案却迟迟得不到印度政府的批准。任何国家都有对外国投资的审批流程,更何况是已经习惯接受外来投资的印度,其审批流程应该更快速,而对于华为的投资,印度却明显并没有表现出应有的热忱。

2005年8月16日,《印度时报》道出了其中的缘由:“出于对中国企业在通信硬件方面的安全顾虑,印度政府暂缓了中国华为技术公司投资6000万美元在印度设立工厂的提议。”此外,印度相关部门竟然还提出诸如“华为某高层曾经在中国部队任职”等荒唐理由。很明显,印度相关部门走入了贸易保护泛化的误区,而宏观的国家利益与微观的经济利益之间的矛盾,成为印度阻止外国企业进入本国市场的最好借口,并借此处处设置“非经济性”的壁垒。

除印度之外,规定对中国企业进行安全审批的国家还有5个,包括巴基斯坦、孟加拉国等。

据《环球时报》跟踪中国海外投资活动的美国专家、华盛顿经济战略研究所的研究部主任卡林纳表示,中国企业在海外并购方面所面临的挑战往往比西方同行更大。

受困于金融危机,很多国家重新提高了贸易壁垒,自由经济变成了明日黄花。根据渣打银行估计,2009年中国对外直接投资超过1500亿美元,但实际投出去的不到600亿美元。找不到出口的资本,在国内四处冲击,投机的天平就此加码。

办厂不如炒房：制造业日薄西山

在商业世界中生存，每个人都有自己的智慧。这也是我们一边论述投机的危害，一边却并不否认投机合理性的原因——谁都不是傻子，即便祸国殃民，但除了投机，其他领域对资本没有足够的吸引力。曾经引以为傲的中国制造已经成为“廉价劣质”、“山寨仿造”、“低端次品”的代名词，改革开放30多年以来凭借超低的人力成本在国际市场上“广种薄收”的所谓“先天优势”正在消退。

与此对应的是，中国变得有些世俗起来，言必称票子、房子、车子。当每个人都将梦想化为一座价格高昂的房子时，这个国家所有信誓旦旦的理想都将变得渺小。更残酷的事实是，这座房子不再是居者有其屋的那个“屋”，而成了取代制造业的“支柱产业”，而且是一根不甚牢固的支柱。

背后的秘密，实在令人感到世界的荒谬与疯狂。

2009年，网络上一则“北京房价成本为4700元”的帖子瞬间走红。同时，根据北京易居研究所统计数据显示，2009年6月份，北京房产销售均价为12677元/平方米。

同年年底,国内知名论坛天涯网上,也出现了一个类似的帖子。一个自称从事房地产行业 15 年的网友,列出了一份房地产成本和利润详单。以广州某地块为例,2006 年拍卖楼面地价为 3500 元/平方米,2008 年拆迁完成,2008 年年底开挖基础,2009 年 12 月开始销售,均价为 15000 元/平方米。以下是这处房产的成本:

地价:3500 元/平方米;

结构造价:1000 元/平方米(这个估价已经有所偏高,一些私人地产公司更低);

监理费 1%+设计费 2%+管理费 2%=1000×5%=50 元/平方米;

装饰费用:1500 元/平方米;

单位总成本=3500+1000+50+1500=6050 元/平方米;

单位利润:150000−6050=8950 元/平方米。

短短三年时间,地产商可赚取的利润就高达约 27 亿元。当然,这位网友所做的这份成本详单并不全面,至少漏掉了资金成本、销售成本等方面,但就算全部的成本都计算在一起,相信也不会对最后的结果带来翻天覆地的变化。一个看得见的事实是:房地产确实是一个暴利行业。

2008 年,《东方早报》开展了一项"3·15 暴利行业揭秘大调查",候选行业有 26 个,近 4000 位网友参与。调查结果显示,在选出的"2008 年十大暴利行业"中,房地产位居首位,其次是眼镜、通讯、药品等。在此之前,2002—2004 年连续三年,房地产业都蝉联中国十大暴利行业之首。

2010 年,参加两会的代表委员,也纷纷对房地产行业的暴利进行质疑。全国人大代表、重庆市政协副主席陈万志更是直言:"2009 年中国的房地产商赚取的利润高达 1 万多亿元。"

高利润加上节节高升的房价,吸引着越来越多的游资,而房地产就自然地成为被投机的对象。

根据国家发改委、国家统计局公布的数据显示，2007 年 6 月底，深圳楼市均价达到 15487 元/平方米，比 5 月份上涨 14.6%。2007 年上半年，深圳全市商品房均价上涨了 42%。至此，深圳特区关内新楼盘均价已突破 2 万元/平方米，高档楼盘接近 4 万元/平方米，价格直追香港。

伴随着房价的暴涨，深圳炒房人也因此牟取了暴利。一位炒房者 2007 年年初投资的房产，8 个月之后，转手出售就赚取高达 200 万元的利润。"一月份签的合同到现在刚刚过户，房价涨 100%，200 多万元买的，现在售价 400 万元。"

深圳这位炒房者获取暴利，是建立在深圳房价暴涨的基础上。但是，即使房价不暴涨，炒房者依旧可以凭借某些手段，获取高利润。

2008 年，一位炒房者购买到一处 100 平方米的商品房，开盘价为 5000 元/平方米，房产总价为 50 万元，首付 10 万元，其余 80%来自银行贷款。几个月之后，他将房价炒到 8000 元/平方米。

短期内，人为将房价投机上涨 60%，他并不担心没有人接受，相反，他根本就没有打算转手卖给他人。他把这套房子卖给了"自己"，当然，是以另一个人的名义。此时，房子总价为 80 万元，首付 16 万元，贷款 60 万元。

最后，这位炒房者获得了房子差价 30 万元。如果减去第二次首付的 16 万元，他净赚 14 万元，而且房产仍在自己名下。此时，炒房者唯一的负担，是要还银行 64 万元的贷款和一部分的利息。这确实不是一笔小数目，但炒房者丝毫不担心，即使不能偿还贷款，银行将房产收回，他仍旧净赚 14 万元。

如果炒房者可以找到下一位接手者，即使按照第二次的成交价卖出，他至少还可以拿回第二次首付的 16 万元，如此一来，他可以净赚 30 万元。更何况，第三次的成交价极有可能高过第二次的 80 万元，毕竟购房合同上的买入价是 80 万元，如此他获取的利润就一定会超过 30 万元。

高利润吸引资本前来投机，而资本的投机又使得被投机商品价格更高，如此循环往复，资本越来越爱投机，投机者越来越富有，极容易导致经济学家郎咸平所说的“一亿人的富裕致使十二亿人更加的贫穷”。

想要加入“富裕者”队伍的当然不在少数，“勤劳致富”已经成了过时的理念，玩转资本才是时代的主流——办厂的“勤劳者”即便累死，赚到的钱都不如空手套白狼的炒房者，谁还愿意“勤劳”？

现在，经常可以听到来自制造业企业家的抱怨：“累死累活不如炒几套房子！做工厂非常累，工人要求越来越高，国内外竞争越来越激烈，利润空间在日趋缩减，企业的转型却非说转就能转。现在真正的老板，好像是工人而不是我们这些企业主。”

中国制造虽然已经强大到使中国成为世界工厂，有近 200 个产品产量独占世界鳌头，但背负着成本上升的压力，面对着日益狭窄的出口通道，却扮演着“姥姥不疼，舅舅不爱”的角色。

英国剑桥大学彼得·诺兰教授的感慨至今让我们尴尬，“后来居上的工业化国家，不论是 19 世纪的美国还是 20 世纪后期的韩国，每个国家都产生了一批具有全球竞争力的企业，中国是唯一一个没有产生这样企业的后来居上者”。

尽管中国制造覆盖面很广，但就是这种“尴尬”，也造成了中国制造业的隐痛与痉挛——产品低端、利润微薄，在全球价值链分工中处于劣势地位。

当今国际竞争，已经不再是企业之间的竞争，也不再是产品的竞争，而是进入全新的产业链的竞争。在整条产业链“6＋1”的环节里，“1”是纯粹的制造业，“6”是从产品设计到零售六大“软环节”，包括产品设计、原料采购、物流运输、订单处理、批发经营、终端销售。“1”处于价值链的最低端，是没有定价权的一端，也是备受压榨而缺少“油水”的一端。

让我们通过“微笑曲线”来观看中国制造的生态：在美国市场上销售的一种儿童玩具，商场零售标价为120美元，由美国公司设计和经销，由中国企业生产。玩具设计完成后，美国公司将订单交给一家香港贸易公司，每件价格为60美元。这家香港贸易公司再将订单交给中国一家外贸公司，每件价格为26美元。这家外贸公司再向江苏、广东两家工厂下订单，每件价格为16美元，包括原材料、劳动力，工厂的生产成本为14美元。最终，美国公司拿到玩具，以每件100美元的价格卖给商场。

大概计算之后，生产玩具的中国制造企业的利润为每件2美元，中国外贸公司的利润为每件10美元，香港贸易公司的利润为每件34美元，美国公司的利润为每件40美元，商场的利润为每件20美元。在这个链条中，中国生产厂商和外贸公司共获取12美元，只有商品零售价的10%，其余的90%都“流失”他人。

对于中国制造业而言，不是不勤劳，不是不努力，而是一开始就定位在产业链条中最没有价值的一端，如果说此前还有低成本优势作为弥补，现在这一优势已经不再，制造企业的利润之低可想而知。对于整个中国的传统制造业，郎咸平曾经有这样的表述：“2006年中国制造业的净利润率是5%左右，2007年是2%左右，2008年是负的、亏钱的。”

由此，我们听到诸如此类的一些声音：温州民营企业一年倒闭了40%！

一直以来，温州经济都是以低成本、低价格为支撑，依靠量的扩张来发展，“薄利”可以依靠多销来获取规模效益，但“零利”还有药可医吗？

进而，我们做下一步推算，既然没有钱赚，企业家还会投资吗？答案谁都知道。

于是，民间资本开始考虑新的出路。2007年8月，温州八大民营企业民扬集团、佑利控股、方大工具等合伙出资，成立了温州东海创业投资有限合伙企业，进军资本市场。同时，还有一些企业直接退出制造业，转而炒房、炒股。

温州只是缩影之一，更广阔的危机发生在最能代表中国经济的珠三角。

珠三角曾经是中国最活跃的经济群落，现在却面临着“前路茫茫”的尴尬境地。坐落在此的制造企业，不仅在地理位置上正进行外迁，而且在资金上，也进行着紧锣密鼓的产业转移。白天的东莞厂房林立、车来车往，但到了晚上，此前一片明亮的工业区内，开始出现不规则的“黑色方块”，这些“黑色方块”就是已经关闭的工厂。

同时，在广州的另一个地方，也上演了类似的情景。2008 年 3 月底的广州春意盎然，从白云机场到广州市区的高速公路旁，是一幢幢间隔极小的“城中村”建筑，这些极具特色的建筑几乎都是工厂作坊。但是这种见缝插针所建的工厂作坊却“十室九空”，不仅看不到工人忙碌的身影，甚至一些作坊的窗户玻璃已经破碎，显然已经被闲置了很长时间。

这是一种典型的“产业空心化”现象，即制造业资本大量、迅速地向利润更高的行业转移，物质生产在国民经济中的地位急剧下降，造成产业比例失衡。

2009 年 12 月，通用汽车金融服务公司接受美国财政部 38 亿美元救助款，成为一个接受纳税人救助的大型金融机构。从此前的“财大气粗”到现在的“受人施舍”，原因就在于其“产业空心化”。本来从事汽车制造业的企业，后来却以住房抵押贷款为主业，最终把通用企业制造业拖入“有毒资产”的泥潭。

以通用为代表，在一定程度上，美国经济的发展也是制造业转移和外包的历史，留在美国国内的都是利润更丰厚的包括金融在内的服务业。据相关数据显示，金融危机发生之前，美国服务业已占国民经济比重约

80%。然而,比例过大的金融服务业的发展最终脱离实体经济的支撑,导致泡沫膨胀并破裂,随之,美国金融危机爆发。

过去的已经过去,现在的正在发生。在如今的中国,"产业空心化"现象正在上演。

据《2007年东莞市经济运行情况》显示:连续公布了三年的"制造业投资总额"已悄然"隐退"。同时,2007年东莞工业总产值为6650亿元,虽然增长了18.4%,却低于全省平均水平,而连续10年增长的"更新改造"投资,却首次出现6.4%的负增长。

制造业中流失的资本被投向房地产。根据东莞市工商局企业注册信息表统计,2007年8月1日—2008年1月25日近半年时间,东莞共注册了90家房地产开发公司,平均月增15家,每两天就有一家房产投资公司成立。在这些新增的房地产公司中,可以隐约触摸到制造业资本的痕迹:在一批东莞新注册的房地产公司中,其经营范围在涉及房地产投资的同时,还兼营制造业。

东莞只是一个缩影,在现在的整个中国,普遍出现了一定程度的"离制造业"现象,无论社会资本流向,抑或劳动力等方面,都初显征兆。

据一项调查显示,中国2/3的专业技术人员配置在第三产业,第二产业只占1/4,其中,制造业仅为1/6。2010年年初,很多制造企业闹起技工荒,尤其是江浙一带,就是这种配置失调的表现。放眼工业化程度较高的发达国家,如德国、美国、日本等国,劳动力在制造业中的比重远远高于中国,其中,德国更是高出中国近1倍。

对于任何行业来说,人与资本都是两个最重要且不可或缺的发展元素。企业是追求资本的经营单位,而人就是经营主体,两者的互动构成了企业活动。因此,当资本越来越远离制造业,又遭遇用工荒,屋漏偏逢连阴雨,两者合力夹击的最可能结果,就是消亡。

这并不是耸人听闻。据东莞市工商局透露，东莞“三来一补”(即来料加工、来样加工、来件装配和补偿贸易)企业萎缩状态加速，2007 年注销达 440 家。截至 2008 年 1 月 25 日，东莞共有 365 家制造业进行工商注销。

这是一种令人担忧的现象，无论虚拟经济如何发展，创造多少令人垂涎三尺的利润，以制造业为主的实体经济却始终都是人类社会赖以生存和发展的基础，可以为人们提供基本生活资料，提高人们的生活水平，增强人们的综合素质，其发展关系到社会的稳定。

此外，制造业之间还呈现紧密的正相关。以家电行业和运输机械行业为例，两者是产业关联系数较高的行业，以汽车行业为最高，关联系数高达 2.9。一部汽车大约由两万个零部件组成，这些零部件涉及机械加工、钢铁、音响器材、石油化学、照明灯具、电力等众多行业。汽车制造产量每增长 1%，就可能带来相关产业 29%的生产扩大效果。

同理，相反的负面效应也是如此，汽车产量减少也会以同样的比率对其他产业带来负面的波及效果。

英国曾经是世界头号制造业大国，为将本国纺织品倾销海外，19 世纪时英国商人不惜借助军舰，用坚船利炮打开全球市场。在 19 世纪绝大部分时间里，只要有人类的地方，就能够看到英国货，全世界 53%的铁、50%的煤等都来自英国。制造业的强大，为英国带来了贸易的繁荣，也毫无争议地将其推到 19 世纪世界第一强国的地位。

然而近 20 多年来，“英国制造”的产品却几乎已经成为江湖上的传说，除了昂贵的劳斯莱斯汽车、巴宝莉皮具外，难以寻到英国货的踪影。出现这种现象的原因在于 30 年前英国经济结构的转型——经济重心逐步向金融、服装等产业倾斜，英国进入制造业显著下降时期。1979 年制造业在英国国内生产总值的比重为 26%，1990 年下降到 20%，发展到近年来只剩下 16%。伴随着英国制造竞争力的下降，独领风骚百余年的“日不落帝国”也开始逐步分崩离析。

两年前,发端于美国华尔街的金融风暴,穿越大西洋重创了伦敦金融城。一度牛气冲天的银行和基金公司,也开始变得灰头土脸。被人们遗忘在角落里的制造业再次被英国重视。2010 年 7 月,英国制造业协会组织还推出了"制造业周"等活动,向世界宣告英国制造业的再一次出发。

中国的制造业呢?从制造到创造,一种口号喊了很多年,似乎坚信将口号喊上一千遍就会变成现实。

现实却是,人们依然认为炒房是一本万利的买卖——怪谁?怪我们不健康的市场环境。尽管决策层不止一次地下定决心,并出台措施,但陷于利益纠葛的利益团体们却在为特殊投机主体煽风点火,种种投机的怪现状将成为后世的荒谬笑话:一如我们今天嘲笑历史上陷于荒谬的那些时代。

银行拴不住游资的心

互联网上流传着这样一个段子，尽管荒唐，却是中国内地大多数银行对待客户的实情：

1. ATM 取出假钱——银行无责

2. 网上银行被盗——储户责任

3. 银行多给了钱——储户义务归还

4. 银行少给了钱——离开柜台概不负责

5. ATM 机出现故障少给钱——用户负责

6. ATM 机出现故障多给钱——用户盗窃

它让我们"系统"地总结了银行在对待储户时那种"开脱精神"，也引出了另一个深刻的主题——以银行为代表的金融系统如此推三拖四的态度，对于游动资金而言，可谓毫无吸引力。难怪手握重金的人们要将钞票挥舞着冲向"希望的田野"。更可怕的是，按照物价增长的速度，让资金留在银行里，甚至是一种危险的亏损。

2010 年 6 月 11 日，国家统计局发布数据，5 月份中国居民消费价格指数(CPI)同比上涨3.1%,跨入国际通行的通胀区间。

对此,《华尔街日报》为中国百姓算了这样一笔账:中国5月份CPI比前一年上涨了3.1%,这意味着,一年前2.25%年息储蓄的人们,实际上手里的资本已经缩水了一大块。

其实,早在2010年2月份CPI同比增长2.7%,CPI首次超过一年期定期存款利率时,就有人算了一笔账:以现行利率计算,如果在2009年2月存入一笔1万元一年定存,2010年2月到期后,连本带息可取出10225元。但由于2010年2月CPI同比上涨2.7%,这10225元如果用于日常消费,仅相当于一年前的9955元,比当初存入的1万元贬值了45元。

如果银行利率不能高过通货膨胀率,那就意味着存款者财富缩水,中国进入"负利率时代"。

一直以来,银行的存款利率低是众人皆知的事实,但是否低于物价上涨幅度,官方并没有连续的数字证明。但是,我们可以亲身感受的是,10年前,1000元可以解决的日常生活开支,现在差不多需要5000元。

另外,即使按照官方CPI数据与存款利率相比,1978年以来,1年期银行存款的利率只能勉强与CPI持平,即表示,真实利率平均为0。如果再扣除利息所得税,税后利率更是低于通胀率,即税后真实利率为负。

因此,尽管30多年来人们收入增长够快,但以生活成本计算,绝大部分时间我们生活在负利率环境中,手中有钱的人们才更惧怕将钱存入银行。数据显示,2010年5月,全国人民币存款增加1.08万亿元,但同比少增2528亿元,增速正在趋缓。显然,受负利率的影响,人们的储蓄热情在走下坡路。

在负利率时代,存款实际收益在缩水,少握现金,多参与投资活动,让增加的投资收益来抵御存款利率收益损失是明智的选择。但是,正如哈佛大学教授乔根森所说,尽管中国人已经认识到将钱花在投资上才是真正的用处，但是中国投资者的选择却非常狭窄。

囿于对资本市场的局限认识，人们所能想到的，无非是房地产、股票等较为熟悉的领域，大批原本该进入银行的资金，却源源不断地流入房地产与股市，上演了一场场带有投资和投机双重特点的资本活动。

1999—2000 年，国内资本第一次大规模从银行“搬家”到投资市场。根据央行统计数据表明，1999 年 7 月、10 月与 11 月均出现居民储蓄负增长，全年居民储蓄增加额比 1998 年减少近 900 亿元。2000 年居民新增储蓄在 5 月、7 月与 10 月也为负，全年减少高达 1500 亿元。

与此相对应的是，A 股市场涨跌表现出相当的一致性。上证综合指数在 1999 年、2000 年分别上涨了 19.18％和 51.73％。

2006—2007 年，相似情况再次发生。2006 年，居民储蓄负增长 959 亿元，2007 年更是高达 9589 亿元。其中，2007 年的 4 月、5 月、7 月至 10 月的 6 个月中，居民存款相继出现负增长，2007 年 10 月变化更为剧烈，居民存款减少超过 5000 亿元。

此时，上证综合指数涨幅惊人，2006 年上涨幅度高达 130.43％，2007 年股市更是创出历史最高点 6124 点。

历史不是由巧合构成的，有规律可循：银行利率低致使居民资本从银行“外逃”，投向资本市场，从而影响资本市场的运行，这就是总结两次事件之后得出的规律。在两次“搬家”事件之间，2001—2005 年的上证综合指数表现确实较为糟糕。

现在社会上频发的投机潮，与“负利率”之间有割不断的联系。对此，国家统计局的分析报告也可以当作一份证据。根据统计局报告分析，少增加的居民储蓄存款主要被分流到四个方面：一是股票、基金、国债、企业债和保险等其他金融资产投资；二是居民消费支出增加；三是房地产投资增加；四是企业集资和民间借贷活跃加剧。

正如经济学家 Walter Bagehot 所说："英国佬可以承受许多事情，但却承受不住 2%的利率"，"当利率下降到如此微薄的水平，就驱使人们用千辛万苦攒下来的积蓄去投资一些不靠谱的东西——比如一条通往堪察加的运河、一条去沃切特的铁路、一个让死海复活的计划以及一个往热带运输冰刀的企业。"

低利率让投资者寻求更高的回报、更有风险的投资。越来越多的资金离开银行，离开实体经济，越来越多的资金演变成游资，也就造成现在越来越多的投机行为。

第五章

投机挖掘的金融泥潭

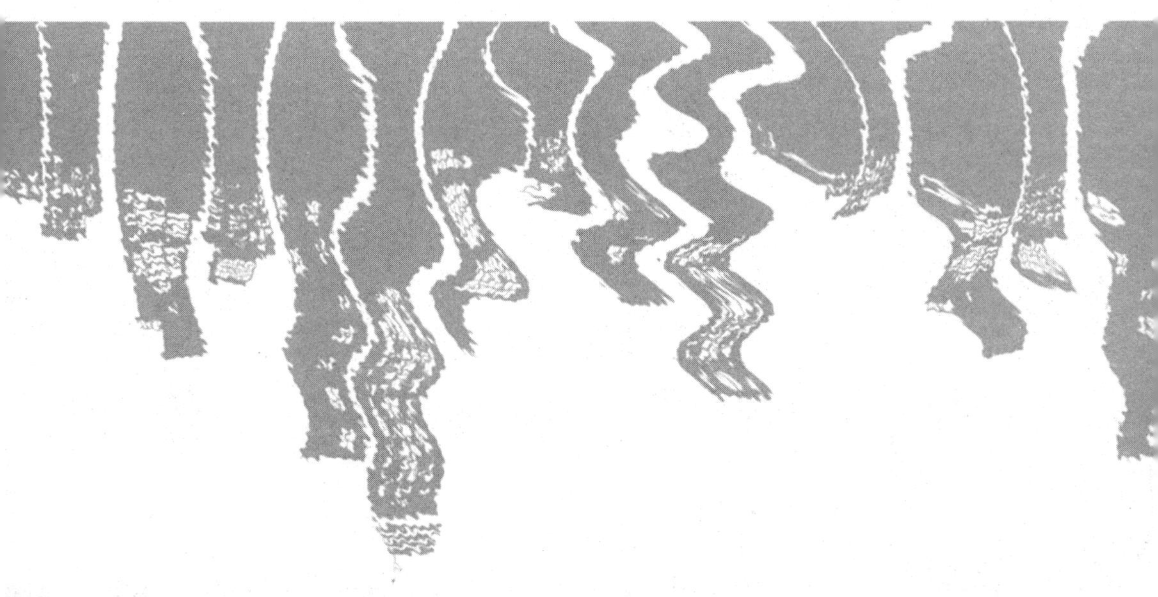

2009年,10万亿元的中国内地新增贷款,直接导致了严重的资产泡沫。随之而来的是一份报告,美国财经杂志《福布斯》发表文章,忧心忡忡地指出,在当今世界七大箭在弦上的金融泡沫里,中国的房地产市场名列榜眼。

资本的投机必须遏制。纵观历史,投机导致泡沫高企并最终破灭,国家应声陷入困境的故事不胜枚举。泡沫越大,危险也就越大。

泡沫时代

关于中国经济是否有泡沫，各方意见不一。事实上，泡沫是经济史上一个很古老的概念。几乎每个商业社会，都或多或少存在泡沫。

1978 年，美国经济学家查尔斯·P. 金德尔伯格对“泡沫”做出了解释：“泡沫状态这个名词，说简单一点，就是一种或一系列资产在一个连续过程中陡然涨价，开始的价格上升会使人们产生还要涨价的预期，于是又吸引了新的买主——这些人一般只想通过买卖谋取利润，随着涨价，常常是预期的逆转，接着就是价格暴跌，最后以金融危机告终或者以繁荣的消退告终而不发生危机。”

所谓泡沫，就是指资产价格与价值发生了严重背离。产生的原因主要是投机需求或虚假需求使资产的市场价格一飞冲天，达到非理性的地步，与合理价值出现了疯狂的脱离。其实质是与经济基础条件相背离的资产价格膨胀。以一碗拉面为例，它的实际成本和合理价格应该在 5 元左右，但通过一些古怪的故事和人为操纵之后，价格炒到了 100 元，这就是泡沫——价格被炒作到了实际价值的 20 倍。

泡沫本身是非理性的，然而泡沫的出现却是有其历史契机和存在合理性的。随着中国经济与国际市场的广泛接轨，以及经济金融化的不断加深，中国的资产市场也自然进入了“非理性繁荣”周期。

在20世纪90年代初期，中国宏观经济政策出现偏差，一些人凭借内幕信息或进行违规操作而不受惩罚的特权，在股票市场、房地产市场和期货市场兴风作浪，大肆豪赌，结果导致投机和泡沫的产生。海南房地产泡沫就是其中一例，曾经被泡沫埋没的海南，直到近年来才得以恢复元气。

近几年来，股票市场从1000多点飙升到6000点，然后又跌落到1600点，可谓大起大落。涨落之间，不仅是数字符号的变化，还是财富从一个人口袋向另一个人口袋的转移，也是投机不断制造泡沫的过程。

2009年，中国内地新增贷款近10万亿元，其中20%左右的信贷资金流入房地产和股票市场，推动资产价格不断飙升。从表面来看，资产价格上升给市场带来繁荣，但这种繁荣并不可靠。

此外，这种资产投机带来的资金分流效应，以及价格调节机制的混乱，还会导致实体经济“失血”，从而削弱实体经济的健康发展。

缺乏坚实基础的支撑，向未来透支的繁荣难以持久，色彩斑斓的泡沫终究是要破灭的。由此可以推论，当一国经济泡沫化后，同样也会大涨大跌。这与经济学中的“经济周期”相吻合：随着泡沫的吹起，一国经济进入繁荣期；在泡沫破灭时，该国经济又跌入低谷。

总而言之，泡沫越大，爆发时其破坏力也就越大。

在自由市场背景下，金融资本总是会不断争取自身的最大自由，它们往往期望不受任何监管与约束。在监管缺失下，资本的逐利性，使得金融投资很容易变成金融投机，后者成为资产泡沫的酵母。

保罗·克鲁格曼在《谈未来经济》一书序言中说：“自由市场的本质虽

佳,有时仍可能变成罪大恶极之事。”

这句话一语中的,指明泡沫是自由市场的产物。接着,克鲁格曼又指出:“美国的自由主义市场体制会因经济挫败、领导无力、当权者的谎言而给私人经济集团造成投机空间,由于人的贪婪本性而推波助澜产生泡沫,最终因泡沫破灭而产生金融危机。”

无论出于何种原因,投机行为是吹起泡沫的始作俑者。

从本质上讲,投机活动是指一些人既不是为了生产又不是为了消费,买进只是为了卖出,并从买卖差价中赚钱的活动。在计划经济年代,中国在打击投机方面近乎苛刻,1980 年之前,甚至连贩运都被列为必须禁止的投机活动。一直到 20 世纪 80 年代初,长途贩运仍属于违法行为。

当然,这种严厉的政策有其不足,使得地区之间不能货畅其流,各地的“比较优势”不能得到发挥。在空间上调剂商品的余缺,是创造财富的一种手段,因为它可以通过“比较优势”为社会节约生产成本。

曾经有人讲了这样一个故事:1988 年腊月,我 88 岁的奶奶病危,临终前最后一个愿望是想吃西瓜。寒冬腊月,上哪儿找西瓜啊?功夫不负有心人,姑姑终于在市场上找到卖西瓜的。问摊主:“这么冷的天,谁家地里结西瓜啊?”摊主说:“当地不结外地结啊。”姑姑一咬牙,拿出月工资的 1/10 买了半只西瓜。这种带有满足人们所需意味的投机,是一种良性投机,可以被社会所允许。

同样的道理,在时间上调剂余缺,也可以节约生产成本并创造财富。如果人们能够将今天奢侈浪费的饭菜“投机”到 20 世纪 60 年代饥荒的中国,不仅可以避免成千上万的人被饿死,还能够做到物尽其用。

投机可以赚钱,是一件可以创造利润的事情,因此,倡导自由的市场经济没有严禁投机。但是有一点必须明白,就整个投机者所构成的集团而言,只有整个集团内部盈亏相抵之后,仍有正的利润的投机,才是能够产生新财富且对社会有利的投机。否则,通过虚假行为或欺诈方式,违背基本价值规律,通过商品买卖,以较少的财富剥夺民众较多财富的行为,并不能为社会创造新财富,此时,投机充当了财富吸血鬼的角色。

房地产的根本目标,应该是满足人们真实的居住需要和物质生活需求,但近年来,充斥着投机者的投机、开发商暴利的国内房地产市场,已经严重偏离这一目标。

2003年时,中国的平均房价还只有2456元/平方米,2009年已经飙升到4695元/平方米,2010年2月全国平均房价更是同比上涨10.9%。不到7年的时间,房价上涨了一倍以上,一线城市上涨了三倍以上。表面看起来,迅速上涨的房价应该为中国创造更多的新财富,但实际情况并非如此。这种畸形的高房价,将消费者远远抛离在外,成为大多数国民心中之痛的同时,也严重伤害了房地产市场本身。

首先,高房价的背后是巨大的资源浪费。

不是来自于供不应求,而是源于大量囤积投机的高房价令房子的使用价值不能实现。

根据中国社科院发布数据,在全国660多个城市,存在着6540万套闲置房产,在建房1250万套。如果以3人居住一套房子计算,闲置房和在建房共有7790万套,可供2.6亿人居住。按照中国城市化率45%计算,城镇人口为5.85亿。由此推算,中国房产闲置率高达40%以上。如果7790万套房产,每套以90平方米计算,闲置的资产总额为32万亿元,几乎相当于2009年全国GDP总量。

房产的重要性,体现在可以为使用者遮风挡雨,如果任由其闲置,充其量只能算作建筑垃圾。在表面风光的高房价下,存在着如此多的建筑垃圾,至少就目前而言,并没有创造社会财富。

其次,高房价不能拉动内需消费。

房价高，自然就加大了城市居民的居住成本，减少居民的社会福利，对于拉动内需消费，是一种剥夺与阻碍。

根据 2009 年年底中国社科院发布的《经济蓝皮书》，85％的中国家庭买不起住房。但是，面对住房的刚性需求，人们不得不沦为房奴，许多家庭的房贷甚至占总收入的 50％以上。高房价给家庭带来沉重经济负担的同时，还对其他消费造成"挤出效应"。

有研究数据为证，居民在房地产方面的投资对 GDP 的贡献每增加 1％，相应的消费贡献将减少 0.28％。可以说，中国内需的不足，房地产是"凶手"之一。

由此可见，房价上涨名义上带来 GDP 的增长，但实际上，并没有给人民带来实际利益，反而减少了内需可能带来的经济增长。

再次，投机房地产的暴利是对普通居民的一种掠夺。

无可争议，房地产是产生富豪的机器。近年来，在中国首富排行榜中，从事房地产业者约占 40％。

在高房价时代，进入房地产者，大部分源于投机和投资需求，数量庞大且购买力极强的各地炒房团就是最佳例证。大量投机者通过投机房地产一夜暴富，其收益远远胜过兴办或投资其他实业。

从规模上而言，社会财富的总量是一定的。投机房地产的暴利，建立在对普通居民的掠夺之上。根据国土资源部数据，2009 年，中国房价同比上涨 24％，在一些一线城市甚至高达 100％。而银行一年期存款利率仅为 2.4％，如此低的利率是针对普通大众而言，炒房者实际是利用普通大众廉价的资金成本获取高额利润。更何况，现在银行的利息赶不上 CPI 上涨的速度。

由此，炒房产生了马太效应，富者愈富，穷者愈穷。根据 2009 年亚洲开发银行研究报告，在 22 个纳入亚洲银行研究范围的国家中，中国收入最高的20%人口的平均收入与收入最低的20%人口的平均收入的比率是11∶1,远远高出其他国家。

从根本上来讲,房地产属于低技术行业,依靠房地产来提高国际竞争力,不是一件值得炫耀的事情。而近年来,在高房价的吸引下,越来越多的资金涌入房地产市场,掀起一场全民炒房的热潮,这种房地产的虚假繁荣,扭曲了社会资源的配置。

2009年,全国房地产的开发投资占全社会固定资产投资的16.1%,占用了大量社会资源,被“挤出”的不仅是普通大众的财富,还有其他行业的生存与发展。

数据图腾：GDP和CPI同样狂热

当代中国经济增长的速度，超过了大多数观察者的预期。然而，GDP的狂热增长为国家经济实力带来巨大信心的同时，却没有为老百姓的日常生活带来期待中的幸福。两者之间或许没有必然联系，但GDP和CPI同样狂热的奇怪现象，需要一个解释。

一切似乎都是在一夜之间发生的，当人们清晨醒来时发现，房价上涨了，油价上涨了，黄金价格上涨了，农产品价格上涨了……

2010年5月，国家统计局公布了2010年4月份国民经济主要指标数据，4月份居民消费价格指数(CPI)同比上涨2.8%，环比上涨0.2%，上年同期为下降1.5%，增幅较上月扩大0.4%。这一数据一公布，举国哗然。

2010年6月11日，中国5月份主要经济数据出炉，备受关注的居民消费价格指数(CPI)，创近19个月新高，同比上涨3.1%，首次超过3%，工业品出厂价格指数同比上涨7.1%。

CPI，即消费者物价指数，是反映根据与居民生活有关的商品及劳务价格统计出来的物价变动指数,国际上通常将其作为观察通货膨胀水平的重要指标。

其计算公式是: CPI=(一组固定商品按当期价格计算的价值)÷(一组固定商品按基期价格计算的价值)×100%。CPI 告诉人们这样一个事实: 对普通家庭的支出来说,购买具有代表性的一组商品,在今天要比过去某一时间多花费多少。例如,若 1995 年某国普通家庭每个月购买一组商品的费用为 800 元,而 2000 年购买这组商品的费用为 1000 元,那么该国 2000 年的消费价格指数为(以 1995 年为基期)CPI=1000÷800×100=125,也就是说上涨了 25%。

一般而言,当 CPI 每年增幅超过 3%时,就表示发生了通货膨胀;而当 CPI 每年增幅超过 5%时,就意味着发生了严重的通货膨胀。

2010 年 5 月中国 CPI 涨幅 3.1%,超过 3%,通货膨胀的压力就像悬在头顶上的一把剑,让人们时刻处于担心的状态之中。

CPI 的走高,并非像人们感受的在“一夜之间”,而是开始于 2009 年第四季度。当时,一系列的价格变动在全国范围内逐渐浮现,从成品油价格的上调,到北方地区蔬菜价格上涨,到新一轮电价调整方案出台,再到后来大中城市上调水价,再持续到现在阴魂不散的农产品价格暴涨。

当然,贯穿其中的还有住房价格的不断上涨。目前,尽管在“史上最严”的房产新政调控之下,住房价格已经基本停止上涨,但其价格仍然高高在上,让大部分人难以企及。

在经历了连续 9 个月的负增长之后,2009 年 11 月 CPI 开始“转正”,此时,市场对通胀的预期开始出现。从 2009 年 11 月,CPI 开始由负数转为正数,此后,CPI 一路上涨,且增长幅度较大。

然而,CPI 的走高,并不意味着所有商品和服务价格都在上涨。2010 年 5 月数据显示,在居民消费价格指数包括的八大类商品中,衣着类商品和家庭设备用品的价格同比下降，食品价格以 6.1%的涨幅居各类之首。而食品类价格出现波动的原因，从市场运行情况来看，正是受天气、病虫害等自然因素以及投机等人为因素的影响。

2010 年 5 月 6 日，工信部发布的一季度食品消费市场统计结果显示，一季度食品类价格累计增速从 2009 年同期的 6.9%不断攀升至 25.2%，提高了 18.3%，呈现逐季加快增长的态势。

在广州终端市场，绿豆从一个多月前的 8～10 元/千克上升到 26～30 元/千克；大蒜从 2009 年年底暴涨之后，一直在高位运行，广州超市终端价格已接近 20 元/千克；干辣椒的价格涨幅也比 2009 年年底翻倍。

农产品价格普遍上涨，除了受天气导致的供求关系失衡、运输及劳动力成本提高等因素影响外，游资利用信息陷阱、集体喊涨等手段投机，成为这一轮涨价潮的幕后推手。即使辣椒、番茄等蔬菜保鲜期短，不利于囤积投机，也很容易找到由头集体喊涨。“这次蔬菜涨价初期受供求影响，后期是被炒高了”，一位蔬菜批发商表示。

投机，使得食品价格节节攀升，也支撑起 CPI 的上涨。在中国 CPI 计算中，食品即农产品所占比例高达 34%，投机导致农产品价格上涨，而农产品价格上涨导致 CPI 走高，由此可以推论，在此番 CPI 走高中，投机是主要推手。

自从加入 WTO 之后，中国的外贸和内需同时进入快车道。然而，随着我们对 GDP 数据的崇拜，大趋势下处于宽松的货币政策，客观上造成了货币过多的困局。一方面是门槛放下，另一方面，门内的监管制度和体系总是存在种种纰漏，这给国际热钱和民间游资提供了投机的大环境。

无可否认，我们在近三十年来的变化是如此巨大，但这种变化是否可以归入发展，则值得细分。

当涨价已经成为可以看得见的变化，几乎所有的目光都盯在CPI。我们对狂飙的GDP感到前所未有的恐惧，而在更加狂飙的CPI面前，几乎所有的人都相信通货膨胀已经存在或即将到来。

还有一个不可不说的事情是，CPI的持续走高，超过3%，好像并不能判定通货膨胀。在美国的CPI权重中，住宅类占42%，交通运输类占17%，而在中国的CPI计算中，居住类价格所占比重只有13.6%，而且房价被排除在外，只包括房租、建房及装修材料等项目。

但是事实上，近年来，中国房地产价格却呈现急速上涨的状态。即使最近在国家重拳调控房地产市场后，房产交易量迅速萎靡，房价上升趋势被有效抑制，但房价高企仍然是没有被改变的事实。

同时，虽然最近租房价格被迅速推高——从2010年4月开始，北京、上海、广州、深圳、宁波、沈阳等一二线城市租房市场都纷纷传来“捷报”，租金同比涨幅都达到20%～40%，但反映在CPI增长上，却没有实际上涨的“九牛一毛”。

在占CPI 13.6%的居住类价格体系中，房租仅占11.1%；在整个CPI体系中，房租价格仅占1.6%。如此推算，中国各城市房租全部上涨30%，能撬动的CPI只有0.48%。另外，房租上涨地点大多数是大城市，对CPI的影响更是有限，必定在0.48%以下。

因此，即使大城市的租房者群情激愤，其对CPI的影响仍旧寥寥。极具讽刺意味的是，猪肉在CPI中的权重要大得多，约为3.03%。如果猪肉价格与房租价格同样上涨30%，将影响CPI约0.9%。

更何况，在目前的高房价状态中，大量的商品房被投机者购走。他们购买房子的目的并非出租获取租金，而是等待房价上涨。之所以将房子外租，就是为了填补没有卖出的时间空白点，以出租换时间。一旦房价上涨到足够的价位，投机者会立即变“租”为售。即使当时房子处于租赁状态，投机者可能宁愿承受违约金，也要中止租房合同，以实现自己的卖房计划。

在任何一个国家里，住房类的支出，一定是家庭中最大的支出，如果在CPI中反映的权重不足，只能表示CPI被低估。

一方面，金融危机之后，包括全球主要央行在内，都在制造货币，推动市场形成通胀预期；另一方面，即使在被低估的情况下，中国CPI增长都已高达3.1％，通胀标志越来越明显。

面对一场暴风雨之前稍有的寂静，中国人似乎还未意识到危险即将到来。然而风暴的脚步声却变得越来越清晰了，当机立断还是坐以待毙，需要全体国人对危机达成共识。

金融危机的影子

投机是不是引发金融危机的原因？并不完全是，但投机与金融危机似乎是天生一对。前者运用巨额资金炒作世界，后者同样是陷于天量金钱的漩涡。

本质而言，金融危机是一种“富贵病”，试想在一片荒芜的农村里，发生金融危机简直是天方夜谭。在贫穷的地方，一般只是饥荒和疾病，而没有金融危机。无论是日本式大萧条，还是20世纪90年代的东南亚金融危机，或是近年来的美国金融危机，原因都在于“钱太多”。

如果细究下来，就会发现，在由钱酿成的“悲剧”中，房地产这个由钱堆砌起来，且可以“滋生”更多钱的行业，是一个不能被忽视的因素。

稍显偏激的说法是，但凡以房地产推动经济增长、促进社会繁荣的国家，最后几乎都未能逃过资产泡沫膨胀与金融危机的命运。日本大萧条如此，美国次贷危机引爆的金融危机如此，东南亚金融危机也是如此。

历史的车轮如出一辙，现在，中国的房地产业陷入了高烧不退的疾病之中。而我们似乎已经忘记了前车之鉴。

在20世纪90年代的东南亚金融危机中，过度投机方面，房地产泡沫扮演了重要角色。20世纪90年代后，菲律宾和马来西亚房地产价格在最高和最低时的比率，分别达到3倍和2倍。尽管泰国和印度尼西亚房地产最高和最低价格的比率分别只为1.25倍和1.32倍，相对较小，但这两个国家房地产的空置率却远比马来西亚高，分别高达15%和10%。1997年以后，房地产供给过剩现象更加严重。

在被吹起的房地产泡沫中，一座座摩天大楼也拔地而起，此时，金融危机与高楼之间形成了深刻的隐喻。

20世纪末，西方的资深金融分析家们对一项研究成果达成共识：摩天大楼建成之日，就是经济衰退之时。这个指标，被形象地称为"摩天大楼指数"。屡屡上演的故事已经证实了这个经济学规律。

1908年，纽约胜家大厦与大都会的人寿大厦先后落成，此时，金融危机席卷美国，数百家中小银行倒闭；1913年，美国伍尔沃斯大厦建成，此后，美国经济开始出现收缩；20世纪20年代末至30年代初，华尔街克莱斯勒大厦和帝国大厦先后建成，期间，纽约股市崩盘，并引发全球性经济大萧条；20世纪70年代中期，纽约世界贸易中心与芝加哥西尔斯大厦建成，随后，石油危机发生，美元开始狂跌，全球经济再次陷入衰退；1997年，取代西尔斯大厦的最高纪录，吉隆坡双子塔楼建成，随后，东南亚金融危机爆发，当时中国最高楼——上海金茂大厦尚未建成；2000—2001年，台北101大楼建成，期间，高科技泡沫破灭，全球股市开始狂泻；2009年，世界最高建筑迪拜塔建成，迪拜世界债务危机爆发……

相似的情景一再发生，"摩天大楼指数"就像经济发展的一个魔咒，验证着世界经济的兴衰起落。

一般而言，经济发展本身存在周期性，不断重复着"繁荣、衰退、萧条、复苏"这样一种循环。从经济发展的复苏阶段开始，各项投资开始恢复，且不断增加，由此，经济逐步走向繁荣。

在整个过程中，国家往往会实施宽松的货币政策和财政政策，鼓励大型项目的投资，摩天大楼就是大型项目最直观的表现，这些投资会将经济推向更加繁荣的状态。但是，繁荣不会无止境地持续下去，尤其是由投机造成的经济过度繁荣，常常会产生大量的泡沫。

2010年3月23日，美国著名投资公司GMO发表了泡沫专家钱塞勒的《中国的红色警报》，通过与过去300年来的著名泡沫特征相比，他揭示了当前中国经济增长所呈现出的泡沫症状。

钱塞勒是金融泡沫专家和金融历史学家。1999年，他出版了其投机史经典作品《贪婪时代——金融投机的历史》，记述了他对过去300年来投机狂热的研究，并成功预言了高科技泡沫的破灭。

2005年2月，钱塞勒在其出版的《信贷巅峰时刻》一书中，还预言了美国和英国房地产市场"看上去非常脆弱，可能因为利率上调而崩溃，届时借款方会遭受损失，大量不良贷款使得贷款方的资产负债表不断恶化，终将引发信贷危机，某些情况下，还可能引发全面的银行危机。"钱塞勒不幸言中，2007年美国房地产次级贷款危机爆发，并由此引发席卷世界的金融危机。

现在，钱塞勒将矛头对准了中国，指出中国呈现了投机狂热症状。

金融危机之后，世界上大多数发达经济体呈现出萧条症状，为此，西方政府不得不勒紧钱袋。在此情况下，很多投机者将目光投向中国，热情背后是中国13亿人口营造的巨大消费空间，以及非常好的经济增长记录，在过去30年间，中国GDP增长了16倍。

然而，在这些增长的背后，中国金融安全也存在着不能忽视的阴影：

2009年，中国固定资产投资增长了30%，对年经济增长贡献达到90%，投资创纪录地上升到GDP的58%，其中，占2009年经济刺激开支

2/3 以上的是基础设施投入，显然是为满足政府的 GDP 增长目标而为。

房地产的繁荣提供了滋生腐败的土壤，地方官员与开发商勾结、对劣质建材视而不见等现象时有发生，虽然中国是增长速度最快的奢侈品市场，但据纽约时报估计，多达一半的销售与贿赂有关。

现在，低利率是中央政策的一部分，促使中国家庭投机股票和房地产，中国储户陷入对通胀的恐惧和对高回报的贪欲之间。

为应对全球金融危机和出口订单的减少，中国下令银行放贷，2009 年新的银行贷款增加近 10 万亿元，相当于 29％的 GDP，大部分贷款流向房地产、基础设施，贷款规模异常扩大。

泡沫的主要形成区域是股市与房地产。在股市方面，2009 年 7 月下旬的某一天，上海 A 股的成交量超过纽约、伦敦和东京三大证券交易所的成交量之和；2009 年 10 月深圳创业板市场推出，开市第一天，28 家创业板上市公司涨幅高达 76％～210％，市盈率平均高达 150 倍。

在房地产方面，中国的资产泡沫更为膨胀。根据摩根斯坦利报告，在过去 10 年间，中国房价以 8％的年均速度上涨。但是，根据 2010 年一份调查报告显示，已售出的房产 1/5 被空置，一座座公寓大楼夜间熄灯的照片，揭示了投机者人数的众多。

2007 年，温家宝总理曾用“不稳定、不平衡、不协调和不可持续”来形容中国经济，现在，过热的投资和过多的信贷加剧了上述“失调”。

疯狂的投机，让中国经济呈现出越来越多的泡沫状态。大多数时候，我们身处危险而不自知，来自内外两方面的警示或许能让中国加紧改革的步伐。

警报已经拉响

早在2010年中期，来自国内和西方的很多资深媒体就已经拉响了中国经济需要重视投机泡沫的警报。

《澳大利亚人报》称，“中国的泡沫使我们的复苏受到怀疑”；世界银行行长佐利克则说，“2010年可能成为又一个危险的年份。随着全球经济复苏，资产泡沫可能成为下一个脆弱链条，有可能再次破坏人们的生计，再让数百万人陷入贫困”。

中国社科院的研究者同样参与到这场拉响警报的运动中，在他们眼中，中国经济目前的泡沫到底有多严重，虽然很难量化，但已经出现的物价上涨足以说明危险。

法新社的观点直截了当，各国的宽松货币政策把世界经济从急剧萧条带到了“不稳定的复苏轨道上”，这无疑是用另一个错误来纠正错误，也必然使人们对泡沫的忧虑加深。

投机资金并非只存在于中国，印度尼西亚央行承认，2010年强劲的资本流入已经极大地推升了印尼证券市场和国内货币的收益，用负责人的话来讲，“我们当然担心会出现泡沫”。

大量游资的四处游荡，让各国的观察者都感受到前所未有的泡沫危机，这是2008年金融危机以来的又一次巨大挑战。两年前，中国被认为是带领世界摆脱经济衰退的伟大力量，然而，事情都有两面性。法国《费加罗报》的观点就将矛头对准了中国：如果世界经济确实得到恢复，并且这种复苏得以在所有发达国家得到印证，那将不得不将很大一部分功劳归于中国经济出色的表现。然而，一旦这种复苏误入歧途，走上了泡沫之路，西方同样也会将最大的罪过归于中国经济。而已经出现的征兆是，中国“疯狂的大蒜”成了多家西方媒体渲染中国泡沫的最佳故事。

美国《华尔街日报》就发表文章，斥责中国市场的投机行为：“今年中国各种市场都弥漫着一种浓烈的投机气味，但气味最重的，还是大蒜市场。中国的大蒜价格正在猛涨。北京崇文区某菜市场一位商贩说，大蒜价格已经从2月份每千克8毛钱涨到了现在的8元。在中国最大的大蒜生产与交易基地山东金乡县，蒜价已经上涨到3月份的40倍。”

英国《金融时报》的描述更有讽刺意味，他们在采访中从卖大蒜的摊贩那里得知，外国人正从中国进口大蒜，用于预防甲流，在记者眼中，这是一种荒唐异常的说辞，“就像中世纪欧洲人相信大蒜能够阻挡鬼魂一样”。而实际上，大蒜泡沫的直接诱因就是毫无新意的投机活动，和16世纪荷兰的郁金香狂潮毫无二致。当时制造泡沫的投机者都以毕生积蓄购买郁金香球茎，而今天中国市场上的大蒜批发商们为媒体描述了同样的故事：原先结伙在国内其他城市炒房炒股，积聚了现金和信贷的投机者，已经将资金挪到了大蒜市场中。

大蒜市场惊现一个大泡泡，主要源于刺激经济的大规模银行贷款在失去控制的前提下转变为投机性资产，事实上，任何流动性过剩的市场，都具有投机的可能性。尽管大蒜泡沫已经给中国人的生活造成困扰，但这个泡沫相对而言较小,即便破灭了也造不成大规模损伤,然而,房地产泡沫可不是这么温柔的泡沫。

世界银行行长佐利克对于中国房地产的疯涨,也表示忧心忡忡:“亚洲正引领全球经济前行,这在一定程度上反映了中国和印度的增长。伴随着这种颇受欢迎的经济增长,是股票和房地产价格的不断上涨。今年10月,中国房地产价格涨幅为14个月最高,上海最近一次商业地产拍卖,吸引了创纪录的投标者,而去年则无人问津。”

关于中国房地产投机造成的巨大泡沫,相当多的媒体都达成了共识。“美国之音”报道称,“中国地产的巨大泡沫正在形成”,“严重的投机行为为中国经济敲响警钟,因为在曼哈顿,地产空置率在10%到15%时,天已经像要塌陷了,但是在浦东,地产空置率高达50%,还在建造新的摩天大楼”。

显然,全世界都对中国的资产泡沫报以担忧。尽管2010年,中国的多家银行空前巨大的贷款直接拉动了中国经济反弹,然而,历史总是惊人的相似,从衰退的阴影中走出来的中国重新陷入宽松的财政和货币政策涡流。这极有可能带来日本在20世纪80年代经历过的那种可怕的泡沫时代。

马来西亚的《星报》则著文直指,“中国必须避免日本式的泡沫”。在这篇文章中,作者用大量分析者的观点来证明,极为宽松的货币政策是日本泡沫的根源,更惊人的是,2010年中国的广义货币供应量上涨了30%,这个数据是20世纪80年代日本的两倍。一旦确认进入泡沫时代,中国将面临比日本更可怕的后果。

中方的评论者对此似乎不屑一顾,他们认为“历史往往有相似之处,但不能简单类比”。在这些中国的分析家眼里,由于世界各国在历史文化背景、市场和经济运行体制方面存在巨大差异,所以很多表面看来具有相似性的现象,实质可能完全不同。尽管这位分析者坚持中国并非日本当年泡沫的追随者，但对于国内巨大的房地产投机现象，他也不得不低下了头，"一些城市目前的房价距离人们的收入水平显然高得离谱了，如果持续下去，100%会上演20世纪90年代东京房价暴跌的情形"。

作为近来最令人悲伤的故事，日本的泡沫应该是一个无法磨灭的悲剧。它直接导致处于巅峰时期、野心勃勃地要与欧美一较高下的日本经济瞬间跌入"失落的十年"。直到今天，日本的经济指数仍然只恢复到泡沫最盛行时期的1/4。

中国国内有很多清醒的经济学家意识到了这个充满危机的寓言。著名经济学家余永定说："依靠投资驱动和出口带动的经济增长模式是不可持续的。"一语道破天机，因为投资一旦失控，就会演变成投机。而过去的历史证明，不良资产正在快速增加。

在华尔街，一位资深对冲基金经理的话似乎有点危言耸听："中国经济正在滑向崩溃，而不是大多数专家所预测的持续繁荣。"他就是华尔街对冲基金 Kynikos Associates 创始人兼总裁詹姆斯·查诺斯。此人在2000年曾经成功预测了安然公司的破产悲剧。十年过去了，他又将自己的注意力放到了中国这个更为庞大的经济体上。

在他眼中，判断一国经济是否存在泡沫，最佳的途径是过度的信贷，而不是对于资产的评估。也就是说，GDP的增长并不能证明经济不存在泡沫，而天量贷款则可以，并且是最有力的证据。由此，他在分析了中国的天量"救市"贷款之后发出警告——中国过度刺激的经济正在走向崩溃，而不是很多经济学家预测的持续繁荣："我们必须记住，上一个有如此之高的经济增速的计划经济体是前苏联。苏联的情况是资源的错误配置造成了很多低效率的工程，比如漏水的大坝和事故频繁的核电站。中国现在走在同一个方向。我们看到越来越多的迹象显示很多工业生产设施一盖好就处于闲置状态。"

悲观的分析者大都赞同这种观点。很明显，中国前所未有的财政刺激和持续宽松的信贷政策将资产泡沫制造到了惊人地步，完全依靠人为塑造出了一个供需两旺的表面假象。事实是非常危险的，“中国人现在的危险是生产出过多卖不出去的产品”。

查诺斯在2000年8月到次年1月通过卖空安然狂揽巨资。之后，他又对泰科国际、波士顿市场连锁店以及2008年的两房危机和华尔街金融困境进行了准确预测而奠定了自己“市场先知”的地位。

即便警报来自多方，最终的决策还在于中国自身。反对唱空中国的人则有点避重就轻，他们说，西方分析者从来都没有准确预测过中国的事情。然而，之前的失误是由于西方人不了解中国，他们的预测大多数是一厢情愿的假想。而今天，中国已经纳入全球经济大环境，警报不再是情绪化的猜疑，而是由可靠数据堆积起来的判断。

无论如何，要杜绝悲剧的重演，需要深度观察曾经的前车之鉴。

深度观察：日本死于泡沫

1998 年，中国迎来改革开放 20 周年。陈寅恪与顾准，两位逝去多年的知识分子，重回中国人的视野。前者的“独立之精神，自由之思想”和后者的“拆下肋骨当火把”，让以天下为己任的学子们追慕不已。过往 20 年，国家气象万千，年均增长 7.5%，远离饥饿，小康在即。这难道不是顾准病榻上预言的“神武景气”？

中国一片欣欣向荣，现将目光小心翼翼地投向近邻日本。

彼时，这个过往百年，让国人又爱又恨且拼命追赶的国家，已然夕阳西沉。昔日帝国的尊严，咄咄逼人的气势，在经济泡沫破灭的打击下，七零八落。

1998 年竟成为中日两国的分水岭。

对于前者，升温将是未来数年内当之无愧的主题。报纸将写道：中国一天的新建房屋面积占到全球总量的一半左右；重庆 10 天的建筑成果，相当于 15 个纽约曼哈顿的克莱斯勒大厦。投资雅虎、Google，号称伯乐的红杉资本合伙人莫瑞茨也对中国垂涎欲滴。人们知道，红杉资本投资半径据说“不超出硅谷40英里”。日后，他们主动来到中国。

追求新奇和创意的《财富》杂志第一次把财富年会放在了中国。主办者给年会起了寓意十足的口号：“让世界认识中国，让中国认识世界。”45架跨国公司专机停在上海浦东机场，包括通用汽车总裁瓦格纳的“湾流5”。他们都是为参加《财富》杂志论坛而来的。论坛的题目叫“中国——未来的五十年”，显然是个空洞的幌子，但噱头十足。

接下来的时间里，中国经济与企业表现的磅礴大气，许许多多第一加诸其身：

工商银行在上海和香港同步上市，IPO募得资金高达191亿美元，刷新全球IPO的纪录。工行董事长姜建清在港交所大厅激动地对记者说：“我非常非常满意，今天的上市非常非常成功。”后来，中国股市无度狂升，工行市场资本总额变成了一个令人无法相信的数字——2540亿美元，超越美国花旗银行，独占世界银行鳌头。

与此同时，TCL收购汤姆逊彩电，明基收购西门子手机业务，海尔竞购美泰，华为报价马可尼，上汽跟南汽为竞购罗孚明争暗斗，而联想则收购了美国IT业的骄傲——IBM。

不经意，外国人转换了态度，开始赞美中国。全世界的观察家们不约而同地称奇中国经济。市面上出现了一批颂扬中国变革的图书，均畅销非常：詹姆斯·金奇的《中国震撼世界》进入全美畅销书排行榜，获得这年英国《金融时报》年度最佳图书奖；法国资深记者埃里克·伊兹拉莱维奇出版的《当中国改变世界》也迅速热销欧洲……

国之命运，互为更替。喧闹中蕴含着暗流，这个世界是如此的喜新厌旧。

有关后者，经历失落的十年后，中途断裂的辉煌，仿佛再也无法弥新，热量正在衰落，曾经的位置逐渐被中国取代，而后十余年的复兴之路也并非平坦。

历史不重复自身,却充满了平行线式的相似。我们是如此沉醉其中,却又如此健忘。

其实,问题的是非曲直早已昭然若揭。今天的中国与过去的日本何其相似:叹为观止的社会成就,不可一世的经济潜力,如日中天的世界声望。

可惜,当国人尽情享受着经济盛宴的狂欢时,大多数人断然不会知道:从峰顶到谷底,命运的跌宕起伏,似乎是人间事物惯常的宿命。

20 世纪 80 年代,日本在战后的出色重建以及经济奇迹,令人对这个极端崇尚武士精神和充斥十足忧伤情怀的民族尊敬同时也充满困惑。

故事的开局其实始于 1952 年,于一片模糊与混乱中展开,仓促、焦虑、徘徊且细微。其间藩篱丛生,也惊鸿无数。在经历了三个超高速阶段——"神武景气"、"岩户景气"和"伊奘诺景气"之后,日本经济以一种摧枯拉朽的态势,在 1989 年达到顶峰,并又瞬间崩塌。

20 世纪 70 年代,"日本制造"从纺织品、钢铁向电子产品过渡。八幡制铁与富士制铁正式合并为"新日本制铁",成为世界生产量最大的钢铁企业之一。三菱重工与五十铃、日产与富士重工的合作则注定了日本汽车市场日后的井喷。

20 世纪 80 年代初期,日本制造业称雄天下。相形之下,美国似乎失去了增长的动力。财政赤字、贸易赤字和美元升值让骄傲的美国人一筹莫展。而勤奋的日本人则趁机力争上游。他们充分利用自由贸易原则,把美国人当作"民族复兴"的标杆,迅速进入美国市场。

许多时候,天堂与地狱仅一步之遥。1985 年 9 月,美、日、英、法、德五国财政部长在纽约广场饭店召开"广场会议",日元升值使美元对其有秩序的下调,以解决美国巨额的贸易赤字。种种不平常的蛛丝马迹中,被经济成就冲昏头脑的日本人忽略了美国人的野心。

前景交织着历史的步伐，多少束缚中的抗争，多少无可奈何的妥协，多少举足轻重的更迭，这是一场操纵与被操纵的博弈。

危机就此埋下伏笔，4 年后，积蓄爆发。

然而，在此之前，日本人沉湎于资本盛宴并洋洋自得，这个原本危机意识异常强烈的民族，已经少有人还能清醒地意识到前面的危险。

拒绝诱惑何其困难。日元升值后，这个国家被一种虚幻的泡沫迅速抬升。

大型跨国日企携巨资进入美国，尾随其后的是各企业军团。日本崛起的象征者们向金融业、服务业、游乐业、制造业等领域大举进攻。日本人在一夜之间成为富有和阔绰的代名词。他们的席卷之势不仅让美国人深感恐惧，也让世界共同卷入持续数年的日本旋风之中。最有代表性的是东京亿万富翁横井英树，他购进伦敦郊外的泰姆公园、英国南部的朱比特山以及苏格兰久负盛名的标志性建筑——格莱乃普城堡和西班牙巴塞罗那郊区的菲尔格拉宫殿。

数年间，夏威夷岛上，日本人的房地产投资达 65 亿美元以上。1989 年，夏威夷可以建高尔夫球场的山谷只有一个还在美国人手中，其他都被日本资本家控制在手里。他们的财团买下了珍珠港海滩区 70％的豪华酒店、高档楼房、购物中心、体育设施、大型农场。檀香山市市长无奈地抱怨：檀香山市快变成东京的一个区了。

一切都只是开始。日本人陶醉于投机带来的无上繁荣中，就像灵魂在天堂漫游。

美国大陆本土随处可见日本收购案例：三菱出资 8.5 亿美元收购美国“富有的标志”和“美利坚标志”的纽约洛克菲勒中心 51％的股份；索尼动用 34 亿美元买下“美国的灵魂”哥伦比亚电影公司；松下出资 61 亿美元竞购环球影业；美国广播公司大厦失守；花旗银行总部大厦易帜；莫比尔石

油公司总部大厦陷落……

借助“高潮迭起”的海外投资，日本对于“全面收购美国”信心十足。第二次世界大战后曾经遭受的耻辱，日本人试图通过拼命工作和疯狂扩张来挽回颜面，重新扬眉吐气。事实上，他们确实逐步取得了对美国经济命脉的控制，美国人也似乎只有听之任之。据统计，截至 1989 年，日本人拥有 2850 亿美元的美国直接资产和证券资产；控制了超过 3290 亿美元美国银行业资产（占总资产 14%）；在美国拥有的不动产超过欧洲共同体的总和；购买了 40%的美国财政部债券；占有了纽约股票交易所日交易量的 25%；美国市场上 20%的半导体器件、30%以上的汽车、50%以上的机床以及绝大部分消费类电子产品和其他数十种商品和服务都源自日本提供。

日本“全球出击”，使国家海外资产净额从 1982 年的 250 亿美元，上升到 1987 年的 2400 亿美元。从 1987 年开始，日本海外投资达到创纪录的高峰，数年之间总数高达近 4000 亿美元。仅 1989 年一年，日本的资本输出就达到 1794 亿美元，其中证券投资 1119 亿美元，直接投资 675 亿美元。

尽管如此，还是有理智的人看清了这场泡沫游戏背后的伎俩。

喧嚣声中，英国《经济学家》主编比尔·艾默特写了一本剖析日本经济，并预测其衰落的书，名为《太阳也会西沉》。然而，除了少许的赞扬，艾默特迎来的是讥讽与嘲笑。倘若联想到日后走势，人之固执短视，真叫人一言难尽。而当时，畅销日本与欧美的读物，是一本由索尼总裁盛田昭夫和国会议员石原慎太郎合著的《敢说“不”的日本》。

这一年，《新闻周刊》封面适合时机地刊登了被收购的哥伦比亚影片公司的图标：站在基座上手持火炬的女雕塑，穿上了日本和服。这就是经济全盛时期的日本留给世界的记忆。

那的确是一个群情迷乱的年代。

在日本的大街小巷，到处都是“炼金术”之类的大众读物，言必称“理财技巧”,超过半数的日本人都持有股票。

1989年,泡沫经济的最高峰,银座四丁目的地价,是每坪(3.3平方米)1.2亿日元。东京的另一个地标——东京帝国广场,附近一平方英里土地的价格,居然比整个加利福尼亚的土地价值都高,而一个东京的地价就相当于美国全国的土地价格。日本沉浸于神话中。有人甚至在公开场合鼓吹,“把东京的地皮全部卖掉可以买下美国,然后再把美国土地出租给美国人住”。这样的言论随处可见,且被大部分日本人坦然接受并引以为豪。

地价暴涨,城市住宅价格水涨船高。

一般来说,劳动者仅靠工资收入所能购入住宅的价格限度应是年收入的5倍左右。在这一年,东京都市圈的住宅价格与年收入之比已经超过了10倍;核心地区更是达到了近20倍的水平。即使在大阪都市圈,这个比值也超过了7倍。

与地价伴随而生的股市则创造着另一个人间奇迹。日本证券公司的老板骑着火箭在美国时代周刊的封面上出现。1989年年末,日经平均股价高达39000日元,相当于1984年的4倍。年终最后一天更是创下接近4万日元的历史最高。

当时,日本股市的市盈率高达80倍(美国、英国、中国香港的市盈率为25～30倍)。但人们没有预计到危机,“当年,日本有40个经济学家对前景预测,全都对将来表示乐观”。主掌日本经济的大藏省也发表预测:平均股价不久将升至6万～8万日元。

预测一出,举国欢腾。这时的日本宛如天堂。

当时,东京的出租车司机每天都能碰到怀揣巨资的神秘人物。这些人不愿意等待飞机和列车,直接从东京打车去名古屋(大约300千米)。因此,东京的出租车司机一年的收入可以达到1000万日元。

一种狂热的消费情绪弥漫整个日本上空。98%的日本女孩人手一只

LV,以致没有 LV 都无脸出门,以性换物的援助交际蔚然成风。

奢侈品牌新品发布会频频出现在各类时尚八卦杂志。而各大品牌惊人的开店速度,暗示着这个市场的容量和潜力。东京的涉谷成为世界潮流的中心,各种稀奇古怪的时尚用品、推陈出新的节奏让人叹为观止。

事实上,从明治维新开始,日本人一直避免经济投机。在他们眼里,“实业”不仅是“救国”良药,也是民族崛起的根基。这导致日本人务实的国民性格。他们曾经把炒股的人称为“株屋”,意即“炒家”,对这种不劳而获的行为大加鄙视。普通老百姓则相当节俭,钱财主要存在银行、保险公司和邮局,奢侈品并不属于他们消费的范畴。

然而,“股市不败”和“地价不倒”,促使日本人拿出存在银行里的钱,投入股市、房市。“你不买股票,你就是笨蛋,一年的投资回报就有 100%。地价不断上涨,利息又接近于零。如果从银行借入资金来购买土地的话,肯定因土地升值而大赚一笔。买了土地,银行又会以土地为担保,去买别的土地,循环反复。”日本“赚钱之神”邱永汉回忆,这位投资家亲身经历了数十年激荡风云。钱来得如此容易,花起来自然不再忌惮。

哈佛教授傅高义惊呼《Japan as No. 1》。在这个狭小的岛国上,1 亿人都陶醉在全球经济迄今为止最大的一个泡沫之中。

妄图占有的短视行为常会导致长久的失去。对于突然崛起之国的对手们而言,日本人的自豪并不是什么好兆头。

日本的资本攻势,也让对手们从惊恐转变为愤怒。“狼来了”的呼声蔓延欧美民间。美国新闻出版界率先发起舆论反攻。罪案小说家迈克尔·克赖顿在《日升》里,直言不讳地将美国诸多经济问题归罪于日本财团的阴谋。而这种阴谋论也博得了大多数美国民众的好感。随之而来的,是一批夺人眼球的著作,它们共有的特点就是将日本描绘成野心勃勃的洪水猛兽和大阴谋家:

这一年，奥尔费写了一部《日本力量之谜》，日本社会的极端功利主义，以及没有原则的、丧失道德信仰的现状在书中集中陈列；

在《影响力的代理》一书中，作者的观点更是充满了阴谋味道，坚称日本人已不满于在经济上掌控美国，他们买通了有影响的美国人，进而要在政治上有所作为；

《不平等资本》抨击日本企业操纵了美国的资本市场，美国民众是最大的受害者；

《日本权力游戏》断定日本无时无刻不针对美国的主要工业；

最激烈的言辞出现在《珍珠港幽灵》一书中，作者断言，日本人正发动新的珍珠港袭击，只不过并非偷袭，而是明火执仗地发动经济战。

政论作家们反日的观点旗帜鲜明，美国新闻界也陷入“日本威胁论”的狂风暴雨。他们通过实证主义方法，通过惯用的民意调查得出了结论，“危及美国安全保障的最大威胁，现在不是苏联的军事力量，而是日本的经济侵略”。

愤怒的情绪很快从民间传导至高层。

在美国国会传阅着一份《日本对美国经济侵略的文件》。这份类似中国高层内参的文件称，美国面临着两种世界战争：与苏联的军事斗争和与日本的经济、技术斗争。一旦经济上让位于疯狂的日本人，美国的生存都将受到威胁。文件提出警告，美国必须用等同于核武器的经济策略制裁日本。国务卿詹姆斯·贝克说：“冷战结束，赢家是日本。”

罗切斯特工科大学举行了击溃日本经济的研讨会，被中央情报局冠以“日本2000”之名列作对日经济政策系列中的重要一环。中央情报局局长在面向全美国的电视新闻中说：“到目前为止，中情局的活动重点是放在监视苏联上的，今后要尽全力将收集情报和开展谍报活动的目标转向与美国进行经济以及技术竞争的国家。”话虽语焉不详，可聪明人都明白，所谓的

“与美国进行经济以及技术竞争的国家”正是日本。

美国人在欧洲也找到了他们的盟友。法国总理克勒松说，日本买下了美国，接下来的目标是欧洲。他语气沉重地告诫欧洲人：日本人是蚂蚁，一心从事着征服世界的战略，日思夜想着向西方进行勒索。这位口无遮拦的总理任期不长，但言论却令欧洲的政客和官僚深感赞同。

夏天，美国政府从国家利益的战略高度调整了对日政策。美国人决定动用上一年国会为对付不公正贸易而通过的以超级 301 条款为核心的“综合贸易法案”。

同时，美国认为，它的商品不能打入日本市场还与日本的经济结构有关。5 月，布什总统指示与日本交涉有关经济结构问题。9 月，日美结构协议谈判举行。美国提出 200 项改善结构障碍的条款。改造协议实际上是美国对日本的制裁。它从对日本贸易政策的批评开始，涉及日本的经济政策、企业行为、商业习惯以及日本的产业文化。

接着，美国人要求日本进一步开放国内市场，减少贸易顺差。日本拒绝，在日美高层汽车贸易谈判中调整对美国零部件的采购政策。美国为逼其就范，断然宣布对日实行贸易报复的清单，即对日本向美国出口的五大汽车公司在日本本土生产的 13 种、20 万辆高级轿车征收 100%的关税，惩罚金额达 59 亿美元。与此同时，美国向世界贸易组织提出申诉，要求对日本封闭市场行为予以处分。不仅如此，美国与西方各国联手，操纵国际外汇市场走势促使日元升值。欧美的联手打击，进一步造成了十年间日本经济的凄风苦雨。

从这一年起，日本成了西方人的公敌。

这种现实让他们感受到第二次世界大战以来少有的历史重力。这个被忽略了 30 年的民族，沉溺于被人过度重视的喜悦中，徜徉着一种古怪而复杂的自满情绪。

诗人万夏说：人终究不尽完善，太多的机会都留在错误中。

12月，东京交易所最后一次开市的日经平均股指高达38915点，这也是投资者们最后一次赚取暴利的机会。此后开始一泻千里，1991年左右土地价格也开始下跌。双方合力之下，泡沫经济开始正式破裂。1992年3月，日经平均股价已经跌破2万日元，仅为1989年最高点时的一半。8月，进一步下跌到14000点左右。短短几年间，大量账面资产化为乌有。

惊人的奇迹背后是令人胆寒的泡沫，而泡沫的破灭几乎发生在须臾之间。与此同时，房地产的价格毫无征兆地狂泻千里，由于土地价格急速下跌，由土地作担保的贷款也出现极大风险。当时，日本各大银行的不良贷款仿佛一夜之间全冒了出来，对日本金融造成严重打击。日本的国家财富缩水了将近50％。

“日本奇迹”泡沫巨大，破灭造成的后果也是严重而持久的。20年后，日本经济还未完全“复原”，日经平均指数还停留在10000点左右，约为当年高峰值的1/4，日本6个最大城市的平均住宅地价也只为20年前的1/3左右。

这如同一场黄昏物语，在炽烈的晚霞之后终于迎来了夜的沉沉寂寞。

第六章

刺痛实体经济的投机匕首

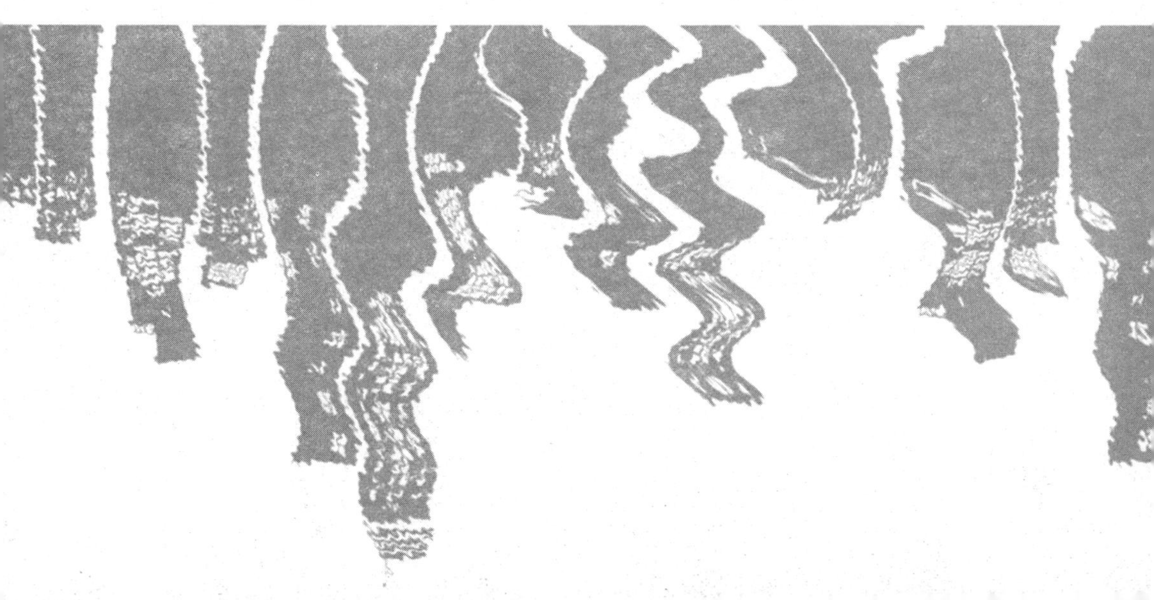

制造业曾经是我们的光荣与梦想。遥远的历史记忆让我们不再固步于当代中国制造的迷人光辉，也不再为暂时困境感到无力应对。

历史给出了最好的答案。从容光焕发到两鬓斑白，一切似乎只是一场轮回。

1915 年，中国在辛亥革命后处于权力变革和民智动荡的风暴中，中国制造却在巴拿马万国博览会上获得了惊人的 70 余项大奖，成为所有参会国之首。然而，与高居顶峰的盛景相比，中国制造业其后的衰亡同样令人吃惊。经过上千年的历史洗练，制造业仅用了不到百年，就几乎消亡殆尽。

经济学家郎咸平说：中国真正的危机根本不是金融海啸，而是制造业危机，“中国经济生病了，第一个病是投资经营环境的恶化，第二个病是产能过剩，而生病的必然结果就是发烧。……因为制造业萧条，老板们不干了，拿出手里的钱，买鞋子皮包，于是，在世界奢侈品消费大萧条时，中国奢侈品消费上涨 40%；剩下的闲钱就拿来炒股、炒楼，于是，中国的股市领先世界 4 个月回暖，中国的楼市也一路狂飙”。

投机能让我们崛起吗

日本的疯狂往事如此熟悉，抛开种种经济学理论和规律，单从现实角度来看，今天的中国可能就是昨天的日本——至少在投机层面，中国的炒家和巨额游资也到了令人无法想象的地步。

日本人曾经相信，一片大好的上升势头将重塑这个战败的国家，让他们可以在经济上崛起；现在，部分中国人也同样相信，只涨不跌的投机品价格能让我们崛起东方，立于不败。不得不说，这真是一种充满危险味道的情绪。尽管我们希望这个梦想能够成真，但人类社会的普遍规律不以人的主观意志为转移，当你相信人的力量能够战胜世界的时候，你的败局已经划定。

感性的争论没有任何意义，还是从理性的角度来分析投机。

中国正处于经济转型期，市场经济地位的确立，使得各经济主体可以自由行动，资源根据市场所需自由配置。市场运行，必然需要一定的干预与支配，放任自流的态度，会让经济秩序陷入混乱。

以农产品投机为例。在这场投机中，农产品价格之所以被一步步推高,就是投机者打破了原有市场运行秩序,业内外联手操纵了这场场外期货交易。

对于投机而言,事先都有一种价格预期,而期货价格带动现货价格的上涨,是这场投机的关键。大蒜、绿豆等属于非期货交易所上市交易的品种,却可以通过场外期货交易平台,即电子交易市场进行期货交易。电子交易市场,一般分布在产品集散地,数量众多,在这里决定价格形成的是做市商,做市商经常是由大的现货商担任的。由此可见,在价格上涨的过程中,大的现货商发挥了关键作用。

因此,如果投机者要投机一种农产品,就必须要与业内人士联合起来。所谓的“业内人士”,就是指具体农产品中的大的做市商。大蒜、绿豆等出口型农产品的做市商一般是出口商,而玉米的做市商一般是饲料厂,棉花的做市商一般是纺织厂。

在一种农产品中,做市商不止一家,为了能与炒家合作并从中分取一杯羹,做市商往往不会拒绝合作。但合作有一个前提,即炒家要尽量满足做市商的物资需求。

当炒家与做市商达成合作意向后,炒家就会开始投机前的准备动作。一般情况下,炒家会先散布一些如未来农产品将获丰收、市场充盈之类的谣言,然后在市场上做空,等价格下跌之后,他们再转手开始做多。等到大部分产品集中在手中时,炒家基本掌握现货供应量,控制了产品供应,就掌握了价格的决定权。

人人爱投机,这是我们的困境,与此相对的是“实干精神”的沦丧。曾经有人做了这样一个统计,近20年来,各省考入北大清华的“状元”,在选择大学专业时,大部分人选择了“经济管理”。同时,近年来,在出国留学热门专业中,“工商管理”也力拔头筹。

与之相适应的社会现实是,“工程师”这个职业已经不复当年的荣耀。

在此背后，是一种“实干精神”的遗落。现在，在整个社会中，确实存在着一种浮夸的氛围，导致我们的商业文化中，充斥着太多的急功近利和浮躁，追求一夜暴富者众多，踏踏实实进行积累者寥寥无几。

对所谓实干精神，格力集团董明珠有一个形象的阐释：“如果没有当年福特坚持只做企业不做金融的‘傻劲’，就不会有今天的福特汽车；如果没有比尔·盖茨放弃房地产暴利不赚，专心软件产业的‘傻劲’，就不会有今天的微软。”

因此，实干精神实际上是一种专业化、务实的精神。在西方，这种精神早已成为主流价值观念，欧洲国家的国际名牌产品，对质量的追求令人钦佩；日本的精益生产，成为全球制造业争先学习的典范……

但是，在中国现在的市场条件下，囿于国内外各方面因素，代表着实干精神的制造业正在受到人们的遗弃。2007 年，一位珠三角民企老总就曾表示：“人民币汇率、原材料价格、银行贷款利率都在逐年提高，在这些综合因素的作用下，企业生产成本大幅上涨，这时候，对比 2007 年狂涨的房价，自然会吸引企业投资房地产。”

当时，在中、西部一些急于招商引资的地方，13 万亩的工业用地费用，土地出让金可以减少到 1.3 万亩，此后，企业用 1.3 万亩的土地出让金将土地买下后，可以按照接近 13 万亩的价格抵押给银行，最后，实质用于房地产开发的钱全部来自银行，企业的投入基本为零。

一边是压力重重的制造业老本行，一边是具有高利润的诱惑，面对着明显的差别，不仅中小型低端制造企业，就连一些知名大型制造企业，也开始将资本向房地产行业分摊：在美的和 TCL，房地产已经成为企业生产链的重要一环；海尔集团聘请地产界名人卢铿出任海尔地产董事长兼首席执行官；主营空调业务的宁波奥克斯，也成为当地最具规模的房地产企业之一。

据《中国经营报》报道,根据2007年的前三季报,包括相当一部分著名制造企业在内的“副业”投资中,“炒股盖楼”成为主题。

截至2008年4月7日,包括当年刚上市的企业在内,共有884家上市企业披露2007年年度报告,占沪深两市全部上市公司的56.06%。884家上市公司共创造净利润7152亿元,与前一年同期相比增长了41.31%。

漂亮的增长数据固然可以让人感受到经济的发展,但深究数据的背后,就可以看到除部分企业的主营业务增长之外,还隐藏着一个制造业资本偏离“主业”依赖股市和楼市维持利润的信号。

统计显示,在已披露年报公司投资收益共2066亿元中,剔除投资收益后,营业利润占利润总额的80.02%,与2006年同期的94.56%相比,大幅降低。与此同时,投资收益、营业外利润等非经常性收益,分别占利润总额的19.98%和2.27%,远远高于2006年同期的11.97%和0.24%。

利润是企业最大的诱饵,在“前辈”们的成功中,更多的制造企业开始跟风“卖房子”。在宁波这个“红帮裁缝”的故乡,服装企业们不再满足于一针一线的利润,卖房子成为短期盈利快、门槛低的最佳投资行业。有这样一个笑话:在宁波天一广场商圈能看到的服装牌子都在卖房子。一位宁波老板还表示,房地产来钱快,让他们一度失去方向。

但任何行业都不是稳赚不赔,与制造业一样,房地产开发行业也存在竞争,成功也不是偶然的。

雅戈尔公司2009年年报显示,公司实现净利润32.64亿元,其中,服装纺织业务净利润约为4.45亿元,地产业务净利润为11.9亿元,分别同比增长49.88%和53.16%。房地产开发的成绩,远远超过主营业务纺织服装的业绩,而且这种情况已经连续多年出现。支撑起其成功的是两次发展机遇,第一次是2000年左右,房地产开发政策刚刚放开,此时进入便于圈地;第二次是2005—2006年,此时正处于房地产泡沫不断被吹大的时期,便于企业进行资金积累。经过两次发展机遇,早早进入房地产领域的雅戈尔,既积累了房地产开发的经验,也储存了充裕的资金,可以在后来的地产调控中保持资金链不至于断裂。

但是,大多数企业后知后觉,当进入房地产行业时,其会发现时机已晚,蛋糕已经被瓜分得所剩无几,而且也越来越难咬,"要么到宁波下面的县市去拿地开发,要么就完全放弃"。无可置疑的是,大多数搭上房地产开发的制造企业,基本上难以做大做强。

没有一种成功可以无缘无故发生。当制造业成为一块难啃的硬骨头,抱着投机和获取暴利的心态,企业进入房地产行业,行业的转移,带来的是资本的转移,更多的资本从制造业转向房地产,但转移并非意味着制造业转型成功,却加重了对制造业的伤害。

到这里,我们已经有了答案:对于一国实体经济而言,投机不会令其崛起,而是贻害无穷。

中国的实体经济怎么了

制造业曾经是我们的光荣与梦想。遥远的历史记忆让我们不再固步于当代中国制造的迷人光辉，也不再为暂时困境感到无力应对。

历史给出了最好的答案。

1846年冬天，中国制造的一艘帆船在帝国斜阳中开始远航。这艘名为“耆英号”的“大龙宝船”长45米，排水量达到了惊人的1000吨。在长达半年的航行后，耆英号途经好望角，来到了象征人类商业新时代的纽约。短暂停留之后，又前往工业革命的“圣地”伦敦——从美国到英国，“耆英号”用了不到20天，这比当时以速度闻名的蒸汽邮轮还要快。西方人的表情如同见到今日中国制造的奇迹一样，充满了好奇与惊异。大批参观者即使花费巨资也要一睹真容，其中包括英伦王室成员。

中华帝国即便在已步入黄昏的19世纪40年代，依然是当时世界首屈一指的制造业大国。在黄仁宇先生的笔下，那场久远的盛景历历在目：“此时欧洲正值启蒙运动抬头，沙龙鼎盛之际，中国之瓷器、地毯、漆器、首饰以及家具使西欧各国首都表现着富丽堂皇。未漂白之棉织匹头称为南京货，初行于欧洲，后及于美洲。在工业革命前夕，中国乡镇工业产品仍保持着一种黄昏前的质量优势，直到西方超越中国为止。”

这完全不同于想象中的帝国远景，而制造业无疑是这个古老国度在大风暴前最后的辉煌。正如亚当·斯密对当日中国的描述：“这国家法律与组织系统容许她聚集财富的最高程度业已到达。”

详细追溯之下，很多事实串联而成一段具有寓意的图景。在长江中下游平原，丝绵作为最负盛名的手工业产品，以直至今日仍超乎想象的精良品质和价格优势，占据世界一角。做出这一成绩的，并非现代商业世界中的各种精密机器，而是自给自足的农民。

在珠江三角洲，精美瓷器在景德镇和广州港口之间往来，随后行销世界。福建则占据茶叶出口的地位，武夷茶的完美口碑和销售业绩一直持续到 19 世纪末。

如果交通便利、土壤肥沃的南方诞生出各种精耕细作的产品不足为奇，那么更为保守的北方凭借手工业成为重镇的情景则更为惊叹——京杭大运河北段的城市临清，牢牢占据着中国北方的砖石制造顶峰，在这里有上千座砖窑，为帝国庞大的宫殿提供了今天被视为“珍品”的“贡砖”。

1915 年，中国在辛亥革命后处于权力变革和民智动荡的风暴中，中国制造却在巴拿马万国博览会上获得了惊人的 70 余项大奖，成为所有参会国之首。然而，与高居顶峰的盛景相比，中国制造业其后的衰亡同样令人吃惊。经过上千年的历史洗练，制造业仅用了不到百年，就几乎消亡殆尽。

和斜阳中的国家命运一致，制造业曾经的辉煌因为现代商业萌芽迟迟未能开花结果，最终沦为荒芜。

这就是历史给出的答案。

在这样的背景下，始于 1978 年的改革开放，注定将为后世铭记。和拉开大幕的“小岗之夜”相比，在更宽广的历史视野下，将中国引入现代国家行列的是各行业的觉醒。在这场重生的时代变奏曲中,制造业重新雕刻了中国时光。

改革开放之后,中国经济整体迈入了全新的境界,活力十足的乡镇企业和“联产承包”同样具有隐喻之意。这些成本低廉、生产能力出众的企业,尽管其形式上带有模糊性,但却让各种标有“Made in China”的产品在国内外先后取得成功。

根据有关统计,中国从2004年就成为世界第三大贸易国和出口国。到了2005年,中国的进出口总额比上年增长了23%,达到1.4万亿美元。其中全年出口7621亿美元,增长28%;进口6600亿美元,增长18%。

让我们从这辉煌的数据向上回溯,以此发现当代中国制造短暂却富有启迪的“复兴”。

20世纪80年代,中国制造的产品在欧美市场上只是以非常简单的小电子产品偶然露面,当改革开放行进到30年之际,全世界都在谈论中国制造——离开这些来自东方新兴经济国家的产品,西方人的生活将极为不便。中国的商品诸如玩具、鞋帽、箱包、厨具、家具、家纺、计算器等,在欧美国家的大型超市中满目皆是。

中国制造以如此方式实现了对国内经济的超速带动,这种积蓄多年的力量在改革开放后彻底爆发的30年里,在市场经济的往返轮回中,上演了一出“尖峰时刻”。

然而,问题往往掩盖于表面的热度之下。随着世界进入全新的时代,科技逐渐成为主导,制造业重新划定了标准——知识产权、质量标准、环保经济,都使一直以批量复制、快速廉价、透支环境的中国制造站在了一扇尴尬的玻璃门前。

我们重新审视自己取得的成就,忽然发现,“中国制造”已经陷入低端、劣质、不可信赖的惯性模式中。

在象征着高档商品的英国牛津街，来自中国的品牌寥寥可数，即便有一些陈列其中，也集中于鞋帽之类的低技术含量产品。而在美国，超市里十有八九的货品都来源于中国供应商，原因还在于价格低廉。

低端徘徊终究令中国的制造企业陷入困局，我们有各种模本可以参照，有各种创意可以拷贝，却始终未能领会商业契约精神和企业家创新的力量。在各国准入机制不断加强、产权保护一再强调的前提下，中国制造的商品遇到了发展瓶颈。

2008年的金融危机，让全球陷入周期性的消费乏力，中国制造再遇打击。而利润率的下降、楼市等投机领域的高回报让很多制造企业始乱终弃。

中国制造已成明日黄花，此种论调日益困扰中国，并且从危险的倾向最终演变为一种事实。

广东东莞工厂林立，一派世界工厂的景象。每天，无数的打工者来到这里找工作，无数的老板在打价格战。生产是否需要创意和管理不在他们关注范畴之内，同类工厂的价格是否降低，才最能牵动他们的心思。

在这里，创业变得异常简单，多去几家工厂取经，再招聘几个技术熟练的工人，挑选合适的零配件，就可以在租赁的厂房，甚至自己家里组装产品。

披着“低成本优势”这张虎皮，中国制造抢占了世界市场的制高点，也为世界作出了巨大贡献。据美国测算，廉价的中国制造几年内为美国消费者减少了7000亿美元的支出。

然而，好日子终究要过去，低成本不再是中国制造的优势，中国制造业开始背负上成本上涨的压力。

2004年，中国制造业开始遭遇成本上升的压力，石油、煤炭、钢铁等原材料大幅涨价，到2008年7月，石油价格已经飙升到140美元/桶。至此，原材料价格的节节高攀，已经成为毋庸置疑的事实。2010 年 5 月，根据工信部公布数据显示，2010 年 4 月份，原材料、燃料、动力购进价格同比上涨 12%。

同时，劳动力成本也开始勒住中国制造业的脖子。无论是“用工荒”，还是新《劳动合同法》的颁布，都意味着中国的劳动力勤劳却不再廉价。

2010 年富士康为应对“跳楼”危机采取加薪行动，基层员工加薪 20%，原来每月 900 元的底薪增加到 1100 元。以此为源头，引发了华南地区劳资纠纷，各个企业员工纷纷要求加薪。2010 年 6 月 8 日，深圳市政府宣布，自 7 月起，该市最低工资标准由此前的 900 元/月调高至 1100 元/月。

连锁反应很快产生，全国多省市也宣布自 7 月 1 日起提高最低工资标准约 20%，无疑，首当其冲的就是处于价值链低端的中国制造行业。

加薪 20%，意味着劳动力成本优势难再，创维集团就表示：“这给我们带来了人力成本上升的压力。同时，产品销售价格却在下降，使得我们在盈利和效益方面面临很大压力。”同在广东的另一家家电企业 TCL 也感同身受：“整个社会的用工成本都在增加，压力对每个企业都存在。”

劳动力成本上升，对每一个制造企业来讲，都是压在身上的一块重石，不仅削弱了其原本微薄的利润，还让自己处于“不被看好”的境况。但是，这又是一种无奈，是中国制造业不可回避的事实。

原材料成本和劳动力成本上升已经让中国制造业呼吸困难，人民币升值、环境污染、能源消耗等方面的成本压力也如影随形。在各种成本上升的合力下，资本再趁火打劫，远离中国制造，中国制造本身的优势无疑会变得黯淡。能够再走多远，他们自己也没有答案。

“正经生意”两面受敌

不少中小企业的老板都表达了自己的无奈。2010年，他们无法再继续过去的“正经生意”了。这些正经生意包括餐饮、服装、贸易等，取而代之的是“炒房”。在他们的描述下，倒买倒卖一套商品房的收入，比自己辛苦一年做实业的收入还要丰厚。

商品房倒卖如此火爆，透视的另一个秘密是中国的实体经济环境日益恶劣。如果从历史的角度来看，1997年亚洲金融危机爆发前的日本以及东盟各国的状况与今天的中国十分相似。

因为中国的这种“出口导向型经济发展模式”一旦受到欧美国家的压制，就会陷入如同当年日本和东盟的境地——一个类似于“汉堡包”式的两面受敌的陷阱。

这个陷阱正是诱发泡沫的重要原因。我们所说的两面受敌，指的是一国的实体经济在生产成本大幅度爬升的同时，销售价格却不断降低，如此压迫下，实体企业的利润日益稀薄。在这种情况下，经济通常都会陷入快速泡沫时期。而企业为了自己的生存，只能将仅有的资金投入收益更大、周期更短的投机品中，诸如房地产和股市，如此一来，整个国家的经济就会被拉入泡沫中。

以日本为例，自从20世纪签订“广场协议”之后，全国经济迅速跌落。当时，西方国家树立起森严的贸易壁垒，并且通过汇率战争迫使日元升值，日本国内苦不堪言。实体经济层面竞争激烈，制造业的利润直线下跌，企业利润薄如蝉翼。当时的日本制造企业如钢铁公司和电力公司等，全部处于行业亏损。在此背景下，日本企业选择将自己的流动资金大量输出进行投机，在国内则投巨资在房地产行业上，再加上从国际上涌入的热钱，最终将经济泡沫吹上了天空。

而东盟五国在亚洲金融危机时的处境也如出一辙。从外表分析，亚洲金融危机是一场货币引发的危机，是源于汇率制度缺陷导致的货币强烈贬值。然而，从实质来看，却是国内货币与实体经济的联系被切断，固定汇率制度又重新令本应贬值的货币价值抬高。后果就是该贬值的没有贬值，加大了出口的困难。

再来看投机之风盛行的中国，2010年的统计数据已经说明，国内企业的原料和能源成本上涨了10%左右，人力成本也上涨了相应比例，而消费品价格尽管也在上涨，却在整体上依然未能跟上成本的上升速度。这说明“正经生意”已经日益成为鸡肋。加之贸易壁垒重新树立，人民币面临巨大的升值压力，劳动力低廉的成本优势也在消失，这都使实体经济的环境更加恶化。

从历史中学习经验，能帮助我们正视今天的困局。每当一国实体经济面临两难境地，政策方面应当有所作为。

首先，政府采用经济和信贷手段，外加行政指令，对传统行业进行产业升级与重组整合，提高实体经济竞争力和良性发展机能；其次，加速金融市场的规范化，一方面严防信贷资金涌入股市，另一方面，激活证券市场；再次，发挥市场经济的作用，利用市场杠杆，打击投机。

即便如此，能取得何种效果仍然考验政府的智慧。对于中国而言，最大的问题其实是民营企业受困于种种体制壁垒，该活跃的部分得不到支持，只能寻求灰色地带进行投机。要改变这种现状，必须在了解民营企业的困境前提下，做出相应的改变。

民营企业随风摇摆

在中国，有这样一个矛盾现象：一方面国民储蓄占到GDP比例高达45%，属于世界最高的国家，典型的“不差钱”，但另一方面的现实却是企业融资难，大企业融资难，有政府背景的公共基础项目融资难，中小企业尤其是民营企业融资则难上加难。

在民间资本最充裕地区——温州，也存在同样的悖论，即温州丰富的资本与温州中小企业普遍的融资难之间的矛盾。温州并不缺钱，从其拥有的民间资本数字就可看出，也可以由街头随处可见的诸如卡宴、捷豹、宝马7系等名车看出，还可以体现在楼市充足的购买力上。被称为温州本地高端市场最具代表性的项目——绿城·温州鹿城广场，位于温州市区人气旺盛的江滨路，汇聚办公、购物、休闲、住宅等为一体，项目的住宅部分均价为4万元/平方米，由于顶层是定制户型，价格更是高达8万元/平方米。尽管价格高得足以让其他城市的人望房兴叹，但2008年8月1日，住宅项目一期开盘后，至今已基本销售告罄，累计销售40亿元左右。温州人的超强购买力由此可见一斑。

此外，遍布全国的炒房团、超煤矿，也常见温州资本的身影，甚至可以这样说，温州资本占据了绝大部分。仅房产投资一个项目，温州投入其中的资金项目就在约 1000 亿元以上。

但就在这样一个“不差钱”的中国，在一个“遍地是资本”的温州，中小企业发展所需资金却存在一个大缺口。尤其是 2008 年以来，全球金融危机将实体经济“传染”，并大面积蔓延，中国中小企业受困于国际经济整体疲软，甚至出现大面积关门现象。截至 2008 年年底，全国有 7.5%的中小企业停产、半停产或者倒闭，全国超过 30 万家企业停产、半停产，约有 2500 万农民工返乡。在商业活跃地区，40%的中小民营企业已经处于关、停、半停工状态，甚至倒闭。

作为中国民营经济的风向标，在温州，20%的企业处于生存危机之中，有的行业甚至半数以上的企业倒闭了，有的行业全行业情况都不乐观，比如纺织业、打火机产业等，属于劳动密集型和对材料依赖程度强的产业和企业，都面临着一些困难，生存压力非常大。

2008 年 11 月 21 日到 26 日，温州市工商联对部分民企资金需求状况进行了调查。调查涉及分布在 32 个行业的 304 家企业，绝大部分为规模以上的企业，资金需求总额为 71.02 亿元。

中小企业的遭遇，在金融危机肆虐下，全球经济萎靡造成的需求不足，固然是不可忽视的因素。但其中不乏一些企业，既有市场也有订单，就是缺乏生产所需的资金。此时，资金短缺像一个顽疾，在金融危机营造的经济潮湿下，旧病复发，而且日益恶化，最终致使企业被资金链锁住了喉咙，市场向它招手，自己却呼吸困难。

温州某电子科技公司主营监视器、摄像头等安防产品，虽然规模中等，但在市场需求方面是金融危机的“受益者”。金融危机加剧，使得欧美国家对家用、商用安防产品需求大幅上升，企业出口供不应求，但是看着源源不断的订单，其总经理刘某却一筹莫展，“我们在高速成长的时候，碰到最多的就是这种资金链问题、资金难问题”。

这家电子科技公司只是千万中小企业中的一家，正如一位中小企业主在2009年举行的中小企业高层论坛上发出的感叹：“缺钱是中小企业目前一个普遍的问题，如果哪一个中小企业说我什么都缺就是不缺钱，那一定是谎言。”

无论发达国家还是发展中国家，中小企业都是经济发展和社会稳定的重要支柱。德国将中小企业定位为国家的“重要经济支柱”，日本则认为“没有中小企业的发展就没有日本的繁荣”，美国政府更是把中小企业称为“美国经济的脊梁”。截至2009年6月，中国已有4200多万家中小企业，占全国在册企业的99%，对中国GDP贡献率达到60%，缴纳税收达到50%，外贸出口占68%，新产品研究占82%，提供了75%以上的城镇居民就业机会。

以“温州模式”为鲜明经济特色的温州，其突出特征就是中小企业为主体的民营经济的迅速发展和不断壮大。以工业企业为例，据有关部门统计，温州的大型企业只有16家，在温州市经工商注册登记的各类中小企业占企业总数的99%以上，在企业总产值、利润总额、出口总额中的比重分别约占97%、85%和90%，并提供了90%的就业机会。全国10%～20%的服装鞋，70%以上的剃须刀、锁具和眼镜，90%以上的打火机，都产自温州，数以万计的中小企业撑起了制造温州这块金字大招牌。

中小企业融资难，究其原因，是由多种因素构成的。首先，从中小企业自身来看，源于其自身缺乏魅力。一般而言，中小企业的管理基础比较薄弱，普遍缺乏良好的公司治理机制，银行与投资者对其生产经营状况了解不足，自然不敢贸然放贷；相当多的中小企业从事着生产成本高、技术含量低、资源消耗大的产业，难以得到银行和政府的支持；此外，中小企业大多数自身实力不强,抗风险能力较弱,缺乏长远发展规划与目标,也导致其生命周期的短暂。

温州市龙湾区工商局曾对中小企业的生命周期做过调查,2003—2006年,该区工商部门吊销、注销了2410个中小企业,其中,44.52%的中小企业生命周期不超过4年。这种情况,必然降低银行、投资者对中小企业的投资信心。

而从金融机构方面来看,由于中小企业自身存在上述问题,同时还缺乏可用于抵押的资产,加大了贷款的风险,也容易导致银行产生对中小企业惜贷的心理。

从政府部门来看,对中小企业融资的扶持力度也不够。虽然目前,政府已经有所改善,设立了中小企业发展基金和科技创新基金等专项基金,但对中小企业而言,仍旧是杯水车薪,还应该在信用担保体系方面进行完善。目前,温州市信用担保事业的发展,在全国范围内已经走在前列,全市担保公司有270家,全部为股份制。但这些担保公司资金实力较弱,其担保能力也相当有限。

要解决中小企业融资难问题,需要政府、金融机构和企业自身三方的共同努力,建立多元化的融资体系,以满足不同层次中小企业的融资需求。最完美的途径则是,游资“浪子回头”支持中小企业,解决政府和民企的燃眉之急,最终实现资本和伦理的双收效应。

国企大佬“共襄盛举”

和中小民营企业的困境相对比，国企大佬的日子要阔绰得多。以海外并购为例，我们同样可以看到中国的大佬们类似于日本当年的狂热投资。

根据联合国贸发组织的数据，2008 年，中国境内的投资团体海外直接投资额为 522 亿美元。2009 年，这个数字增加到 721 亿美元。这场狂热的投资盛宴几乎席卷了所有行业，尤其以能源、矿产、IT 等行业为焦点。

2009 年，中国以不可阻挡之势，成为澳大利亚的第二大海外投资国，此前，这一位置被经济正在复苏的日本所占据。在这场令国人感到振奋的提升中，投资主体大多是中钢、武钢、中铝这样的大型国企。更为夸张的是，看到投资矿产的热潮如此诱人，很多“门外汉”——非矿业资源类企业，也手持大批金元前往澳洲。

有咨询机构对中国 500 强企业进行了一个调查，结果显示，90％的企业已经将战略放到了海外投资上，只有极少一部分企业还未进行海外市场的投资。强烈的对外收购意向显示了中国企业的强大力量，但集中于资源收购似乎意味着企业急功近利的心理。

让我们看看这些海外投资的主体，一目了然，近三年来位列前20的海外并购中，中石化、中石油、中海油、中铝等带有“中国”头衔的企业是绝对主角，由他们主导的矿产和能源行业并购就有16起之多。

这真的说明我们崛起了吗？并不尽然，事实上，在狂热的海外并购中，大型国企沉浸在风光中的美好感觉还未过去，面临的风险却在悄然加大。

2008年春天，中国平安保险收购了比利时的富通投资，这项收购涉及的金额高达22亿欧元。然而，短短一年之后，这笔天价并购的账面亏损就达到了230亿元人民币，按照汇率算一下，中国平安的这项并购赔了个精光。

中国企业喜欢收购的资产，表面看来光鲜，但内里暗藏败絮。很多企业带有中国式的“大跃进”色彩，追求一夜间摇身变为跨国巨头的快感。这种投资本身就带有极强的赌博色彩，选对了投资对象，可能名利双收，而大多数并购却不能全身而退。

在全球范围内观察，一大半的中国企业海外并购都以失败收场。有人预计，中国在未来3～5年将承受3000亿元人民币的投资黑洞。要知道，这些钱大部分来自以全民所有制为主的国有企业，换句话说，是全体中国人在为这些失败的并购买单。

并购的热度并不只是央企自己造成的，而是中国内地的大环境使然。让我们看看国企大佬们在国内的表现，情况同样令人感到困惑。

以地产界的“地王”为例，这一现象已成过街老鼠，然而，在愤怒之余，人们不得不折服于一掷千金的国企大佬——“地王”的购买者财大气粗，似乎有花不完的钱。

尽管在2007年之前，地产界的大亨多为民营企业，但这并不矛盾。

土地出让一直是较为透明的一种交易方式，这直接阻碍了国有资本的注入。在一个土地拍卖现场，民企可以频频举牌，他只需要对自己创立的企业负责,但国企却需要对上级负责。一旦拿地成本过高,举牌者将会丧失自己的前途。

然而,好景不长。在金融危机之后,中国的房地产在4万亿元“救市”资金的强效拉动下,进入了报复性上涨的周期。而其他投资领域的回报率与地产相形见绌,手握重金的央企,当然不会让这千载难逢的机会从手上溜走。

2010年5月到7月,短短两个月间,北京连续拍出了五块“地王”。更有甚者,两会刚刚开完,总理声称要抑制房价,第二天就有央企刷新了地王纪录。民众对此的理解是:“自己打自己的脸。”

随后,从北向南,地王频出。大连、杭州、上海、佛山、厦门、南京、重庆和深圳争先恐后地制造地王,而这些天价土地的买家十有八九是国企。

在一场“人有多大胆、地有多大产”的地产狂潮中,往常腰杆子挺硬的民企大亨一下变成了小巫见大巫,而国企大佬们则彼此“共襄盛举”,在这“一本万利”的地产生意上放手撒钱。

分析起来,地王制造者大致有两类:其一是国资委直属的大型央企;其二是地方政府下属的“红帽子企业”。这两类企业可能缺乏经验和危机公关技巧,但唯独不缺钱。

再来看看,是什么让曾经对国企说不的地产界,现在却成了大佬们的欢乐场所。首先,当然是丰厚的回报所致。即便国企有行政指令的约束,但面对眼前唯一的资金聚宝盆——房地产开发,谁能坐怀不乱?其二,地产已经成为一个资金投入型的产业,每个环节几乎都有专业公司分包,大老板只需砸钱,不愁建不出好房子,更不愁卖不掉。其三,银行确实已经和地产业捆绑到了一起,房子的热度一退,银行的账目就要出问题。这也解释了2008年市场极度萧条的情况下,银行对房地产却依然不离不弃的原因。

事实已经铸成，似乎别无他法。实体经济在疯狂寻租和投机的风潮中，虽不至于无人问津，却也遭受冷落——谁不愿意在己任内，通过投机，将国企的账目翻上几番？更何况，这种投机，几乎是毫无风险的。

鲁迅先生说，中国人喜欢沉迷过去，也喜欢憧憬未来，唯有眼下的世界，却无动于衷。此话似乎有理，面对眼前的世界，我们应该立即行动起来，才能避免更多的风险。

第七章

疏通游资之路

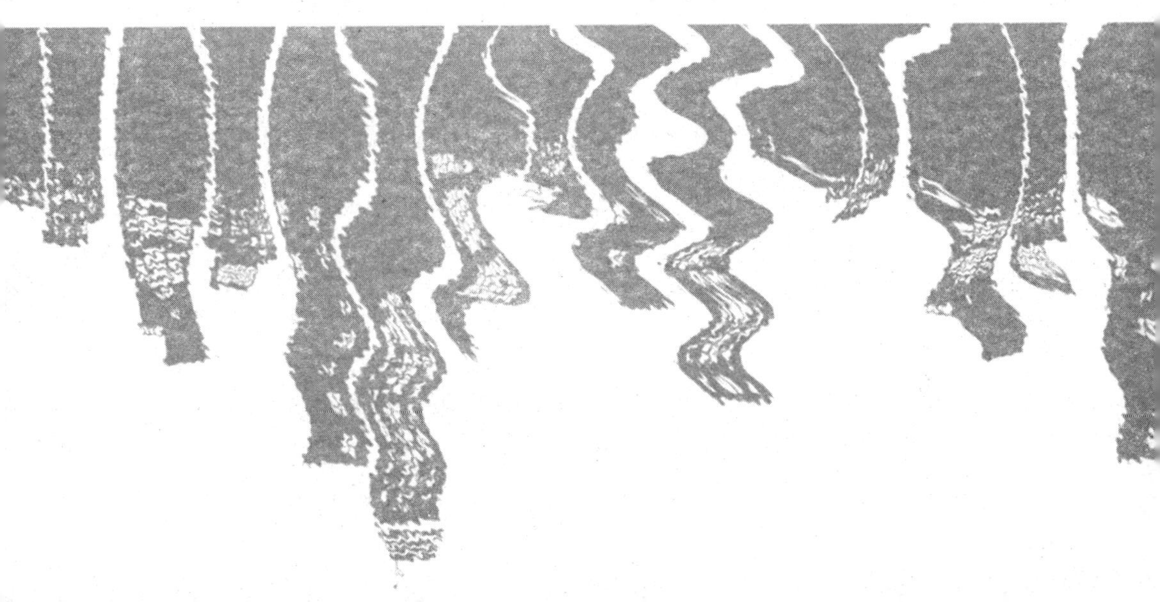

游资到底是好是坏？

这个问题本身就是问题。资本从本质上而言没有好恶之分，对于困守在计划经济中，解决不了吃饭问题的国家而言，流动的资本是一剂解药。然而，当一个国家的经济热度已经到达顶峰时，巨额资金又化身为危险的猛兽。事实上，游资只是游离于实体经济之外的"活钱"，是能够自由使用与支配的民间资本。

问题的关键在于，如何控制住这头猛兽，让它变成我们的好朋友。具体而言，游资就是充足的民间资本，是中国民营企业活力的体现。为了追逐利润，这些狂野的资本脱开了体制的缰绳，但这并不等于游资就是毫无规律、摧枯拉朽的山洪暴发。诀窍在于，为巨额游资找一个合理的出口，让游资无处可投，转而成为老老实实的"劳动者"。

活力资本：投机的另一张脸

“钱”成了万恶之源，这是我们在愤怒的情绪下得出的结论。然而，抛开种种复杂的情绪，“钱”真的有那么可恨吗？如果没有现代商业的迅猛扩张，今日世界就不会如此美好。而商业扩张的背后，就是一个“钱”字。

问题并不在于我们的市场上流动着过多的资金，而在于我们缺乏契约精神和引导机制。从上到下的舆论和现实之间巨大的反差，只助长了投机取巧的“赌博精神”，驱逐了商业创新和实体经济。

事实上，资本绝对称得上现代世界最美好的力量——它让建筑日益现代化，让生态变得更有持久性，让生活变得更便捷，让国家变得更温和。

中国的现状与此相反，问题正是由于没有节制的投机，而不是“资本”本身。炒房地产、炒股市，然后炒棉花，后来又炒矿产，现在又开始炒大蒜、辣椒等农产品以及书画等艺术品。总之，只要是有利可图的商品，都可以成为投机对象。

就是因为一个“炒”字，渐渐使人们对“游资”的行为产生了愤怒与谴责的情绪，将物价虚高、市场动荡、经济秩序不稳定等现象，统统与“游资投机”联系起来。更有甚者，有人还将“游资投机”视为经济危机现象的根源。

然而，鲜有人对游资的定义做出注解。对于社会上到底有多少资金可以归入游资的范畴，也没人说得清。游资到底是好是坏，大部分人只是情绪化地从众跟风。在对事实不了解的基础上就妄加评论，是一种不负责任的做法，也是对“游资”的一种不公平待遇。

按照严格意义界定，游资本身并不带有任何感情色彩，这种游离于实体经济之外的“活钱”，是能够自由使用和支配的现金。之所以脱离实体经济，是因为实体经济的回报率大打折扣，出于资本的天性，游资当然更愿意在短期内实现最大收益。

众所周知，市场经济条件下，资源是由市场自行优化配置，最终提高资源的竞争力。作为一种市场资源、一种资本，游资的投机，如果没有违背市场规则，没有违背法律法规，其行为都是无可厚非的。

游资疯狂投机的原因正在于此。尽管在经济学方面判断，这种行为具有合理性，但这不能成为游资投机的借口，实质上，游资投机行为本身确实存在着很多非理性。这种非理性的结果是，尽管一些游资通过投机获取了暴利，但也有很多脱离市场规律的投机，最终导致大败而归。无论盈利与否，游资投机导致的价格大幅波动，都会造成社会上的一种恐慌。

游资的投机并非必然成功，因为游资本身并不成熟，尚缺乏准确把握经济规律的能力。

如果我们从另外一个角度看就会发现，游资之所以热衷于投机，其原因是我们的市场经济体系中还有某种制度的缺失，既包括防止游资非理性扰动市场秩序，也包括引导游资真正发挥市场资源配置功能。

面对这样的现状，中国政府也在积极应对。2010 年 5 月 26 日，针对农产品价格飙升导致的人心不稳，国务院总理温家宝在主持召开的国务院常务会议上指出，要严厉打击囤积居奇、哄抬、投机农产品价格等违法行为。

在发布的五条抑价措施中，有三条关于农产品投机：首先，严厉打击投机农产品等违法违规行为，定期组织开展专项检查，依法查处一批扰乱市场秩序的典型案件；其次，整顿规范农产品电子交易市场，对交易价格严重偏离现货市场、没有现货资源依托、交易规模较小、投机性严重以及市场主办方入市操纵价格、挪用保证金等行为，坚决予以取缔；最后，充分发挥社会监督作用，禁止媒体投机。

此外，国家发展改革委、商务部、国家工商总局联合下发规定惩处细节的通知：地方各级人民政府及相关部门要严格执法，对情节严重、性质恶劣、社会影响大的案件，要予以公开曝光，依法没收全部违法所得，并处以违法所得5倍罚款；没有违法所得的，处100万元以下罚款；屡查屡犯的，责令停业整顿或吊销营业执照；严重扰乱市场经济秩序，构成犯罪的，依法追究刑事责任。

在房地产、股市等成为投机对象后，游资将目光转移到农产品，事关国计民生，我们似乎又重新回到了“严打投机倒把”的年代。时代背景变迁，今天的制度引导必然具备更多的意义。

在这种制度安排下，游资可以转变为有利于经济发展的力量。

在2009年实施大规模的经济刺激计划后，政府面临的首要问题就是如何退出，让民间资本有效接力政府投资，使民间投资逐步成为投资的主体。另一个层面，对中国经济而言，结构转型是一件艰巨的任务，需要更有效率的资金参与拉动转型，无疑，民间资本有潜力和希望扮演这个角色。

如果可以在中国大环境内，完善产业准入制度，完善投资创业环境，进行与实体经济关联度高的金融制度创新，才能使游资真正发挥市场资源的最优化配置作用。

投机，不仅仅是游资的错，市场制度也应该担负相应的责任。而且，对于游资投机的治理，最明智的方法不是“堵”，而是“疏”，用改革精神来完善市场制度，让规模庞大的游资找到最恰当的出口。

这个出口的寻找意义非凡。出于社会舆论对游资人人喊打的局面，我们不能从一个极端走向另一个极端。然而，严峻的事实证明，人们对游资有一种极大的恐惧。伴随恐惧而来的，是深深的偏见。

2009年冬天，对于温州资本来说格外寒冷，山西煤矿整改损失150亿元，迪拜房地产投资被套25亿元……正当温州人的口头语由“倒煤”变成“倒霉”时，外界却不乏幸灾乐祸的叫好声，魔兽世界吧中甚至出现一个“热烈庆祝温州炒房团折戟迪拜”的帖子。

由此可见，在公众眼中，以温州资本为代表的游资，其名声并不高尚，除了在社会上流传的暴富神话之外，似乎温州资本的一切活动，都围绕“炒”字展开。除此之外，还有扣在温州资本头上的一顶“原罪”的帽子。

人们之所以如此看待温州资本，除了投机的现实手法外，还因为它一直行走在市场与政策的模糊地带。

20世纪60年代，全国陷入“文化大革命”的泥潭，政治口号满天飞。正当全国人民为各种斗争热血沸腾时，温州人就已经开始了新一轮发展经济的南征北战。当时，只要涉及经营范围的内容，就会被认定为资本主义，面临着被“割”的危险，温州小商小贩们只有选择打“擦边球”。

敢闯敢做，加上理性经济人的精准市场眼光，让温州人成为财富年代的佼佼者，也催生了丰厚的温州资本。从发展的眼光来看，这不应该成为公众仇视或批判的理由。

事实上，改革开放的浴火重生对整个中国新经济来说是洗礼，但对于民营企业和企业家来说却是炼狱——30年压缩的时间里要为中国经济补上资本主义市场200年来优胜劣汰的环节。于是，在一个“3000年来未有之大变局”中，一个人情重于国法的封建大传统、平均主义大锅饭的计划经济小传统亟须被打破，残酷竞争、胜者为王的资本主义外来传统正在被引进，层层枷锁套在了民营企业家的脖子上。如何呼吸，如何走路，成为先天不足、后天失调的他们面对世界时的第一个生存拷问。

没有过渡，没有既成的经济基础和政治基础，出生便面临着残酷的生存考验。奔走于产业中下游的民营企业家中，不免有人利用关系，利用掌握的资源，利用改革开放政治体制上暂时的盲点，为生存铤而走险，鬼神之道来者不拒，把国有财产变为己有，打制度擦边球，甚至突破政策与法律的底线。于是，多个具体的经济人，在一个相对落后的经济制度下，上演了一部部原罪蔓延的商业荒诞剧。

的确，很多民营企业家有罪，但如果把原罪这顶帽子扣在所有民营企业家的头上，也是片面而缺乏公正的。世界并不是非黑即白。一个制度大变迁的背景下，民营企业家更需要有在灰色的空间中游走的智慧。所以，如果是历史、制度的错，再加上企业家当时的盲目冲动与"群体性经营幼稚"，让声名鹊起的企业家来埋单，未免太过残酷；所以，如果以某些群体作为彻底的负面样板，试图"赶尽杀绝"，是社会集体理性思考能力的怠惰与经济市场的不幸。

因此，在发展民营经济的大背景下，以温州资本为代表的"草根经济"，更需要的是理解与支持，而不是苛求与打压。毕竟，温州资本的出路，并不仅仅取决于自身的选择，还受很多客观条件的限制。其中，实体经济机制的不健全难辞其咎，在国家垄断行业或央企占据主导地位的行业，温州资本根本无法"插足"，更不用说立足了。在这种情况下，温州资本可能会继续发掘模糊地带疯狂投机。

当然，这并不能成为无条件宽恕游资的借口，更不是鼓励资本继续投机。以温州资本为代表的游资主体们也需要看到，仅仅着眼于利润的投机，不仅是对实体经济的一种伤害，更是对社会经济发展的一种威胁。

经济学家魏杰有这样一段表述："温州资本是有活力的资本，中国的各类资本应向温州资本学习。要是在十几年前讲温州资本是中国资本的榜样,我们要向温州资本学习,会有很多非议,但现在不会了。因为温州资本用自己的实践证明了自己的活力。"

显然,活力资本是游资的另一张面孔。正确的态度不是彻底否定,而是积极引导,为巨额游资寻找合理的出口。

民间游资的出路

俗话说，只看到狼吃肉，却不知狼挨饿。随着整个经济周期进入存款负利率时代，民间资本拒绝了银行等金融机构，兴冲冲地来到投资领域。然而，游资的成功却不是属于所有投资者。我们说过，投机是一场赌博，但坚持到最后的只是少数。在大多数投资者面前的并非一片坦途，而是种种凶光。

对于民间资本而言，客观事实在于，尽管存量巨大，但体制外的不正统身份，让这些游资平添几分寄人篱下的落寞。

即使在"非公经济 36 条"(简称"老 36 条")发布之后，民营资本的状况并未出现明显改善。

2005 年初春，国务院发布了《关于鼓励支持和引导个体私营等非公有制经济发展的若干意见》，其中明确规定，"允许非公有资本进入法律法规未禁入的行业和领域"，"在投资核准、融资服务、财税政策、土地使用、对外贸易和经济技术合作等方面，对非公有制企业与其他所有企业一视同仁，实行同等待遇"。

然而在5年之后，浙江省工商联对民营企业进行的调查中，民营企业对“老36条”及相关主题的看法却令人非常悲观——21.4%的企业对“老36条”执行情况不满意，满意者只有3.3%。而在对影响“老36条”落实的最重要因素中，64.3%的企业认为是配套政策不完善，53.9%的企业认为是政府部门旧观念未根本扭转，执行力度不够。

调查结果显示，市场准入、融资渠道、税费负担等因素，依然是困扰民营经济发展的障碍。

事实情况也的确如此。2010年5月，国家发改委有关人员表示，民间投资在传统垄断行业和领域所占比重非常低。据统计，民间投资在教育中占12.3%，在卫生、社会保障和社会福利中占11.8%，在电力、热力的生产和供应业中占13.6%，在交通运输、仓储和邮政业中占7.5%，在水利、环境和公共设施管理业中占6.6%，在金融业中占9.6%，在公共管理和社会组织中占5.9%，在信息传输、计算机服务和软件业中占7.8%。

综观中国经济，凡是利润丰厚的领域，国有垄断资本占据绝对优势。国企就如一座座难以挪动的高山，民企只是山脚下苦苦依附的小草。

尽管民营资本夹缝求生的宿命并未改变，但这些资本却在备受压抑的环境中逐渐壮大起来。其中，温州是最庞大的一支。2010年，据不完全统计，温州流动的民间资本已经达到7500亿～8000亿元，并且以每年14%的速度快速增长。

2010年初夏，媒体发布了“新财富500富人榜”，13位温州商人名列其中，个人总财富高达857亿元，占500富人财富总额的3%。

如果将资本的流动比作一条河流，那么中国的这条河流显然过于狭窄，而其中的水位却逐渐上涨，如果不拓宽河道，或者发掘新的出口对之进行分流，资金外溢造成“资本涝灾”是必然的事情。事实上，处于受挤压的地位，民间资本蜂拥进入房地产、股市等领域，已经是一种明证。它们并非不知道投机所携带的风险,但如果不主动出击,任凭资金趴在银行中,结局只能是日益贬值。

目前的调控,事实上还是着眼于加高河道两侧的堤坝,这并非根本之策。对于资本而言,有利可图的行业始终都充满无法抵挡的诱惑。只有依靠政策,理顺民间资本投资渠道,让更多的民间资本发挥效应,鼓励和引导民间资本进入基础设施、基础产业以及公益性事业等领域,市场上炒房、炒大蒜、炒黄金的游资自然才会减少。

事实上,温州资本也曾自发地做过一些逃离狭窄河道的尝试。

早在12年前,温州商人就在巴西圣保罗建立了第一个国际化的中国商贸城,自此,温州资本通往海外之路就从未止息。

在美洲零售界,无孔不入的温州资本正在狂飙猛进:据不完全统计,温州军团仅在纽约超市业的投资就已超过1亿美元;在曼哈顿小商品批发市场,200多家温州籍批发商每周至少从中国大陆进口200个货柜,以每个货柜500万元计算,每年的交易量就高达520亿元;在南美洲的阿根廷,以温州人为主的华人超市已拥有该国食品和饮料零售市场30%的市场份额。

除了美洲,西欧也是温州资本的去向之一。位于巴黎市3区的市长街、庙街一带,过去一直是犹太人的天下,现在已经成为温州人在巴黎的聚集地之一,近年来,温州人的"地盘"有扩大之势;在马德里,温州籍侨胞筹措几百万欧元新开设了800平方米的亚洲服装商城,零售的千种服装50%来自温州;在巴塞罗那,温州籍侨胞经营着近6000平方米、40多家店铺的国际商贸城,包括鞋子、服装、打火机等60%的商品来自温州。

在2009年年底的统计数据中,有接近百万的温州人在遍布全球90余个国家和地区进行资本输出,成立的境外企业多达数百家。

这一年也是温州资本折戟沉沙的一年。迪拜危机使流溢海外的温州资本巨幅缩水。在日益严峻的“反倾销”和抵触情绪中，在海外谋发展的中国民资也面临巨额损失。有一点需要致敬，尽管前景严峻，金融风暴呼啸，然而温州企业仍然不改“走出去”的本色：

2009年全年，温州有13家鞋服企业出走意大利，与50余个当地品牌结成合作关系；温州企业西京集团全资收购英国本土一家卫星电视台；俄罗斯最大的电网公司电网改造途中，国内著名的正泰集团击败欧洲著名电力设备企业，获得两个110kV和350kV共4个变电站改造项目工程；进入2010年，又有4个温州商人一起入股皮尔·卡丹在中国的业务。

相对于此前单纯以获利为目的的投资而言，收购海外品牌将提升温州民营企业在国际市场的排名。长久以来，中国民营企业从事制造业，由于缺乏品牌的支撑与包装，没有定价权，而收购国际品牌就可以弥补这一缺憾，有助于提高企业的核心竞争力。

在金融危机影响还未散去之时，温州企业去海外并购品牌，不失为明智的做法，但这并不是一次市场突袭，更不是鼓励温州资本去海外抄底。毕竟，2009年6月中旬“温州老板团”赴欧洲收购50个知名意大利品牌，10天的考察中没有实质性的成果，毫无所获。

冰冻三尺非一日之寒，这次失败案例也印证了收购并非易事，更遑论抄底。我们期待，这些心怀盈利渴望的资本，能在制度的引导下最终突出重围，在中国经济进入新改革时代之刻不再是可怜的“龙套”。

换个支柱产业：剑指新能源

英国《金融时报》专栏作家约翰·加普预言："在绿色能源方面，中国将超越硅谷。中国以仿造 DVD 和软件以及生产与西方及日本同类产品极其相似的高速列车著称。但在能源方面，中国则表现出了构建一条'原创之路'的莫大决心，在研发上投入公共资金，以襄助私人投资。"

事实正是如此。在中国新能源产业发展进程中，2009 年注定是值得纪念的一年，宏观战略上的高调布局，以及扶植政策的陆续出台，成就了 2009 年国内新能源产业的高歌猛进，也成就了资本市场的"新能源元年"。

2009 年初夏，由国家财政部、科技部、能源局联合宣布正式启动"金太阳示范工程"，对光电项目按其发电系统及输配电工程总投资的 50%～70%给予补助。

数日之后，国家发改委发布《关于完善风力发电上网电价政策的通知》，将四类资源区风电标杆电价规定为每千瓦时 0.51～0.61 元四档。

新能源是一种新生事物，由于无迹可循，所以在投资者眼里是一项"高风险"、"过度竞争"的产业。即便如此，新能源还是成为各路资本眼中的宠儿。这其中,当然少不了温州资本的身影。

在温州资本谋求转型的过程中,资本的目标已不再仅是房地产和煤矿,新技术、新能源、新材料、新环保,凡是与“新”有关的,温州产业资本都会涉足。从2003年温州瓯海伟明公司进军垃圾发电产业,到2007年正泰宣布进入太阳能产业,再到华仪风电布局全国,温州资本不断演绎着自己的“新能源梦”。

尽管进入这一新领域仅有三年,正泰太阳能的活跃程度,已经超过其主业——电气产业。2009年年初,正泰集团先后推出第二代太阳能电池、引入赛伯成长基金和上海联和的5000万美元投资;2009年6月,在宁夏开工建设首期发电容量10兆瓦的光伏并网发电项目,在2平方千米的戈壁滩上铺设太阳能电池;2009年7月,又追加5500万美元投资到太阳能项目,首条20兆瓦微晶非晶第二代薄膜电池生产线正式投产,年产值可达10亿元……三年的时间,正泰集团在太阳能领域累计投入超过20亿元。

依托坚强的实力,正泰集团布局光伏并网发电领域。在温州,还有一些企业并没有贸然进入光伏并网发电领域,而是看到了光伏配套产业中的机会。2009年7月16日,温州瑞阳光伏材料有限公司与世界500强企业杜邦公司合作研制的“光伏组件用高性能EVA胶膜”通过评审。作为太阳能光伏组件中的关键技术之一,EVA胶膜的核心技术一直以来掌握在欧美企业手中,温州瑞阳通过与杜邦合作研发新产品,无疑有着广阔的市场前景。

从传统制造业中积累了原始资本的温州资本,正在不知不觉间转型,布局新能源产业。这当然是一种积极的转变。而这种关键转变来源于国家的支持——巧妙的是,当初的商品房也是在国家大力支持下发展起来的。

显然,游资并非罪恶的根源,而是需要一条正确的通道。

如果说前几年的新能源投资机遇还是“犹抱琵琶半遮面”的羞涩，金融危机过后，新能源的发展机遇在经过政府的扶持之后，开始“浮出水面”，进入快速发展期。根据美国能源基金会与中国发改委联合预测，2005—2020年，中国需要能源投资18万亿元，其中，新能源、节能、环保需要投资7万亿元。

一切状况都在显示，现在正是布局新能源的最佳时机。进入新能源领域，很大程度上是技术水平决定成败，也是根本的竞争力所在。作为国内实力强劲的民企，正泰集团在光伏领域的技术含量领先国际水平，但显然，这种程度只有少数企业能够做到。

技术实力成为决定新能源能否成为新支柱产业的最大障碍。游弋在民间的巨额资金，不仅要嗅到全新的领域，也要正视门槛更高的技术要求。

制造业可以重来

制造业最明显的衰退始于2008年。当时,金融危机爆发,中国制造业的利润直线下降,诸多实体经济的参与资金转而投入楼市泡沫。在不正常的全球经济环境下,房地产成了资金避难的港湾。

温州包女士的丈夫经营一家印刷厂,她本人平时则将时间用于投资房产。在2008年上半年经济形势还未完全恶化时,包女士丈夫的印刷厂就已经明显感到订单锐减。

“那时候情况还不至于糟糕,我赶紧出手了松江大学城附近的两套房子,把钱套回来先支撑工厂,但是在10月份我们明智地决定把工厂关了。”包女士语气中充满着庆幸。

中国制造业走到十字路口,是保持中国制造的现状,靠越来越少的成本优势存活,还是蓄势待发,在阵痛中实现转型、升级,由中国制造变身中国创造。毋庸置疑,中国创造才是中国制造唯一的出路。

否则,当越来越多资本离开,中国制造业想要转型、升级,都会因为资本匮乏,而陷入两难的境地。现在中国制造处于一个尴尬境地:不能不说中国制造非常强大，强大到已经成为世界工厂，有近 200 个产品产量独占世界鳌头。但是，又不能说中国制造非常强大，因为它们中的大多数，或者品牌籍籍无名，或者被贴上国际知名商标，只能赚取微薄的加工费却搭不上品牌价格的顺风车，产品的含金量低得可怜。

品牌对于企业而言具有多重性，其价值不在于创造品牌所付出的成本，也不在于有品牌后可以获得更高的溢价，而在于品牌可以使其所有者在未来获得较稳定的收益。

此外，作为企业的一张脸，品牌彰显的不仅是企业的文化与品质，还是维系市场与消费者的黏合剂。拥有品牌的企业，可以理直气壮地以原材料涨价为由提价，也可以在订单萧条时仍然拥有忠实的老客户。2001 年美国经济低迷时，老百姓攥紧了钱袋，但在高档消费品之列的星巴克却生机勃勃，甚至创造了比昔日更好的业绩。由于对星巴克的品牌认同，即使星巴克提价，消费者仍然络绎不绝。

对中国而言，品牌是公众对企业或产品认知的一纸名片，也是一种无形财富，更是从中国制造到中国创造转型的助推器，它让中国更受尊敬。

技术创新是实现品牌创新的硬道理，只有拥有专利技术或者对手望洋兴叹的领先技术，才能建立起有效的技术壁垒，企业品牌的独特优势才能长久保持下去。

所以，无论是品牌还是创新，都是中国制造不得不走的“华山两条路”。但是，无论品牌还是创新，都不可能缺少资本的支撑。在中国，民间资本总量有 2 万亿之多，一旦这些资本被激活，将会产生巨大的生产力和社会经济效益，势必对中国制造的提升产生巨大的推动作用。

现在，一部分专门以“炒”为主要工作的民间资本正在悄然转型，开始将实业作为下一个落脚点。

2010 年年初，全球经济呈现回暖之势，温州一家电器元件厂的赵老板就将其投资房地产、股市的资金抽回，开始复工。2010 年 4 月，政府打击房地产投机行为的房产新政出台时，赵老板的资金已经全部回到企业中。对于自己回归实业的举动，他感到十分庆幸和正确："今年以来，国际市场的产品订单数量增长了 20%，这是一个很好的机会。下一步，我会在福建开分厂，如果没有更好的投资机会，暂时不考虑向其他领域投资了。"

在温州，类似赵老板这样的人并不少见，从股市、房地产回流的资金更是以数千亿计算，但是像他可以顺利回归实业者并不多见。为拉动民间资本回归实业，2010 年 6 月，一家"为资本找项目，为项目找资本"的中介服务机构——温州民间资本投资服务中心，在温州成立。开业仪式吸引了众多温州中小企业负责人和手握大额资金的投资者，他们希望能够通过服务中心找到优质的投资项目。

经过筛选，已经有 200 个项目进入中心项目库，454 个项目正在等待审核，重点为温州本土的制造业、电子科技、生物医药等成长型高新技术产业，以帮助其实现转型和升级，而温州资本可以通过期权分红、年终收益等形式获得投资回报。

这种具有活力的民间投资力量完全可以提升中国制造，重启已经深陷困局的制造业。关键在于，各级政府需要在政策上双管齐下，一方面通过金融杠杆抑制投机，另一方面确立新的实业政策。这是中国改革开放以来，经济高速发展的奥秘——政府主导，市场化运作。一旦缺少政策监管和支持，中国的市场无疑会变成暗流涌动的非常态投机黑洞。

穷人银行的启迪

在孟加拉国,有一家不怎么扎眼的银行。截至2006年夏天,它的累计贷款总额换算成人民币是322亿元。这家被观察者称为“穷人银行”的机构,因为创始人穆罕默德·尤努斯博士获得诺贝尔和平奖而引起全世界的关注。

在孟加拉国国内,这家银行则让人们意识到:“不需要慈善,也不需要政府养活,穷人完全可以借助市场的分工合作体系所形成的适当的金融服务,摆脱贫穷。”

事情起源于1976年。当时,尤努斯博士首次尝试将小额贷款发放给穷人,此举令贫穷的农民有了资本进行生产活动,从而进一步提高生活水平。七年后,孟加拉国政府批准尤努斯博士筹建格莱珉银行,将视线投射于贫穷的乡间。

这种模式被证明是行之有效的,截至今日,小额信贷已普及全球100多个国家,上千万人口借助这一模式脱离了贫困。

格莱珉银行用行动证明了资本的奇迹——曾经有一位记者问过很多

资深的金融从业人员，如果有这样一家银行，它致力于将资金借给穷人，不借助任何其他机构的帮助，能不能实现盈利？金融人士们异口同声地回答："不能。"

但事实却恰恰相反。格莱珉银行自创办以来，一直保持盈利。2005年，盈利达到了2000万美元。很多研究者对此保持怀疑，普林斯顿大学教授乔纳森·莫多克层公开发表论文《小额信贷承诺》，箭头直指格莱珉银行低于1.6%的不良贷款比率造假。

尤努斯博士则对此作出了回应："我认为不需要反驳乔纳森·莫多克，格莱珉银行的现状已证明他的预测全部是错误的。我们自1995年停止接受捐款后，不但可以继续生存，而且盈利是一年比一年多；我们不需要提高贷款利率，我们的实际利率只是10%，近期还在研究调低利率，因为我们的利润太多了，盈利并非我们的主要目的。"

自从1976年以来，尤努斯博士始终坚持将自己的信贷业务公之于众，他让质疑者去关注这些数据，从中发现自己成功的秘密。

在某次正式会议上，特立独行的尤努斯穿着拖鞋出现在会场。他说："我是做小额信贷的，做小额信贷是与老百姓打交道的，在孟加拉国的乡下老百姓很穷，很多人是赤脚的，我很大部分时间是走村串户，我已经有拖鞋穿，所以我穿拖鞋来。"

对于传统的金融机构而言，穷人是不可信的客户。因为穷人没有什么资产可供抵押，这让资金的"马太效应"愈演愈烈。在他们看来，穷人是没有偿还能力的，即便有这个能力，因为信贷基数较小，成本与收益之间无法达成合理的剪刀差，银行也会得不偿失。

尤努斯的伟大在于他改变了这种逻辑。作为一名"理想主义者"，尤努斯相信穷人，他更相信他们对于信用的恪守。事实证明，格莱珉银行的还贷率高于表现最优异的商业银行。

生于孟加拉最大的港口吉大港的尤努斯，家境优越，父亲是珠宝饰品商人，母亲出身于小商贸者之家。从小受到良好教育的尤努斯对穷人充满同情心。大学毕业后，尤努斯留校任教，五年间，他创建了自己的企业并获得了极大的商业成功。

1971 年，孟加拉国独立，一心报国的尤努斯放弃了美国的优厚待遇，留在百废待兴的国内。三年后，大饥荒致使国内人口大批死亡，从此，尤努斯开始了与穷人打交道的生涯。一件小事激发了他创建穷人小额信贷的念头。

一位年仅 21 岁的年轻农妇，育有三个孩子，这位名叫苏菲亚的年轻母亲，每天从高利贷者那里获得相当于 22 美分的贷款，之后买来竹子，编成竹子桌椅交给高利贷者，从而获得约 2 美分的收入。这微薄的 2 美分，让苏菲亚和自己的孩子永远都难于摆脱贫困。

之后，尤努斯详细观察了苏菲亚这样的穷人，继而得出了结论——穷人之所以贫穷，并非他们懒惰，或者没有能力去改善自己的生活，而是“因为金融机构不能帮助他们扩展他们的经济基础，没有任何正式的金融机构来满足穷人的贷款需要，这个缺乏正式金融机构的贷款市场就由当地的放贷者接管”。

此后，尤努斯经过几番努力，最终创立了这家“专为穷人服务”的格莱珉银行。

为了更好地帮助知识贫乏的借贷者，格莱珉银行已经尽力精简了贷款程序，这种简化的贷款偿付程序被证明是行之有效的。同时，尤努斯博士说：“如果小额贷款机构要自负盈亏，首要条件是可以接受存款。”

举例而言，借款 1000 元，本息合计是 1100 元，在一年内将钱还清即可。借款人要在 50 个星期内分期付款，每周还 21 块钱，与此同时要存进来 5 块钱。一年之后，1100 元的欠款还清，账户里会有 260 元的存款和利息。此时,穷人就可以继续借贷更多的资金,比如5000元,与此对应,每周存入的钱增加为25元。如此反复,穷人的资金会随着年限和贷款额度的增加更有效地实现翻倍。

这是与众不同的创举,是真正“为人民服务”的金融发明。

在中国,毫无去处的巨额资金似乎只将目光停留在短期投机的博弈中,如果能将目光放得更长远,从政策上确立为穷人服务的金融体系,将从本质上改变我们这个以农民和穷人占大多数人口的国家。这种尝试并非绝迹,事实上,民间资金最泛滥的温州,就做过类似的实验。

这就是民间银行。在温州,有民间筹款经商的传统,可以追溯到温州各类的“会”,因此,对于有创业之心却缺乏资金的人来说,只要有诚信且创业项目可定,就可以在温州找到起步资金。这也是温州民营企业资产负债率低的原因之一。因此,很多温州企业家总是信心十足地表示“我们不缺钱”,很少温州企业家会向银行借钱,对于上市融资的愿望也并不强烈。

尤其是2008年金融海啸后,温州的民间借贷逐渐走出“犹抱琵琶半遮面”的状态,很多广告栏上,都能看到它们高调登场的影子。诸如“帮还贷款,资金周转,投资咨询,速度快,收费低”的诱人广告,让在危机中挣扎的温州中小企业如同抓到了救命稻草。

但是,另一方面,由于民间借贷没有正式的“身份”,得不到法律保护,使得民间借贷的利率普遍较高。据人民银行温州市中心支行对全市民间借贷利率最新监测显示,2009年第三季度,温州民间借贷加权平均月利率已达10.93%。过高的利率为民间借贷蒙上了“趁火打劫”的阴影,对于一些还款能力强的企业,民间借贷可能是雪中送炭,而对于资金链脆弱的中小企业,则有可能是饮鸩止渴。

对于这种状况,国家也并非漠不关心。2009年央行宣布加快制定《放贷人条例》,允许个人和企业注册成立“只贷不存”的放贷机构。2010年3

月 6 日，全国人大财经委副主任吴晓灵称，《放贷人条例》已列入国务院法制办二档立法计划，只要达成共识就可推出。

央行建议推出《放贷人条例》，无疑是金融对内开放信号的进一步放大，《放贷人条例》给民间借贷以合法地位，可以规范放贷机构及个人借贷行为，为借贷合同纠纷的裁决提供法律依据。在民间资本中格外显眼的温州民间借贷，终于看到了政策指缝中漏下来的阳光。

从边缘化到主流，从灰色地带到阳光化，民间借贷的正名之路注定不是坦途，还有很长的一段路要走，这需要政府、民间借贷机构等共同努力。

后　记

投机清单

投机对于中国经济的利弊几何？立场不同的人，答案也各有不同。我们希望站在中立的位置，将投机的两面性分别列一个清单，不希望能即刻得到答案，至少将判断和选择的权利交给这个国家的万千子民。

首先来看投机对经济带来的益处：

1. 拉动经济增长，提升经济活力。客观而言，如果没有长达十年的房地产投机活动，GDP的增长会受到极大损伤，各种富豪榜上的财富也必然大幅缩水。

2. 带动多种经济因素积极参与，完善市场手段。在计划经济时代，民众与财富迅速增值彻底隔绝，因为计划经济从本质上扼杀了对于私人财富的渴望。随着各种投机活动和投机者的出现，普通民众的财富意识开始觉醒，市场手段诸如商业信贷、股票知识、理财工具等，都进入了普通人的生活。

3. 每个人都可能成为投机的受益者。对于一项博弈性质浓重的活动，投机的赢家是少数，但对于胜利的渴望则影响着大多数人。这也解释了为什么当全球陷入金融危机，万念俱灰之际，中国人并没有多少灰心失意之举。因为在旺盛的投机风潮中，喜欢热闹的中国人并不落寞。

4. 投机活动在客观上对中国的城市化进程起到了推动作用。房地产高烧不退，农产品、艺术收藏品、工业原材料等都被炒家疯狂追捧，几乎覆盖社会的方方面面，连老农民也知道，地里的粮食值钱了，说不准哪天自己家的收成就能连番上涨，而这种商业意识的萌芽恰恰是市民经济的必备元素。

投机为我们带来的益处无外乎此，下面再看看投机的坏处：

1. 排挤实体经济，制造高企的价格泡沫。“勤劳致富”变成了伪命题，因为满大街都是“不勤劳”也照样致富的人，这个隐喻让辛苦办厂的劳动者情何以堪？他们毫不迟疑地丢掉了沉重的机器，加入各种投资品的炒作行列中，任野草荒芜，任人心不古。

2. 扰乱社会秩序，加大生活成本。每个在中国内地生活的人，除了特殊利益集团外，大概都能在愈演愈烈的投机之风中体会到严重的危机感——当生活成本疯狂上窜，而收入水平不见明显上升的时候，仇视情绪和希望天下大乱的心理会成为潜意识，这当然是危险的。

3. 拉大贫富差距，分化城市居民。非理性的投机活动，确实令一部分人瞬间暴富，同时也让更多的人陷入相对更为贫穷的境地。中国高速增长的代价已经日益明显：诚信、温和、平等、敬畏等价值观念已经彻底遭到驱逐，国民普遍有“唯利是图、不择手段”的倾向，加之权力与投机资本的结合，潜规则盛行，愈发加剧了国民的优劣阶层感。

4. 非理性的状态同时也是非常态的。当投机之风占据国家长达数年的增长周期时，这本身就存在巨大的问题。自从加入 WTO 之后，中国获得了空前的增长契机，也为改革提供了更多的出口，然而制度改革过于滞后，导致中国的市场经济陷入非理性繁荣。长远来看，国家的崛起与健康发展的前提，就是抑制投机，鼓励创新型经济增长模式。

投机的利与弊,当然不是三言两语可以说清的,作为一种概述,大致如上所言。中国经济的持续发展,需要将视角从纯粹的增长转变为科学发展,这可视作我们关于投机利弊博弈的参考答案。

唯有如此,中国的未来方可如梁启超名句所述:“纵有千古,横有八荒,前途似海,来日方长。”

图书在版编目(CIP)数据

谁在投机中国/于一著. —杭州：浙江大学出版社，2011.5

ISBN 978-7-308-08519-9

Ⅰ.①谁… Ⅱ.①于… Ⅲ.①资本市场—研究—中国 Ⅳ.①F832.5

中国版本图书馆 CIP 数据核字（2011）第 048668 号

谁在投机中国

于　一　著

策 划 者　蓝狮子财经出版中心
责任编辑　王长刚
文字编辑　魏文娟
出版发行　浙江大学出版社
（杭州市天目山路 148 号　邮政编码 310007）
（网址：http://www.zjupress.com）
排　　版　杭州大漠照排印刷有限公司
印　　刷　杭州杭新印务有限公司
开　　本　710mm×1000mm　1/16
印　　张　12.5
字　　数　153 千
版 印 次　2011 年 5 月第 1 版　2011 年 5 月第 1 次印刷
书　　号　ISBN 978-7-308-08519-9
定　　价　35.00 元

《未触底的中国经济》

作　　者：艾学蛟　于一　著

定　　价：32.00元

出版时间：2010年11月

ISBN：978-7-308-08089-9

尽管在大手笔的“四万亿”经济刺激计划下，中国经济似乎“一枝独秀”，但刺激政策不能永远持续下去，学界和企业界对中国经济是否会二次探底一直众说纷纭。中国经济的反弹到底会是V型还是W型？

本书从世界经济的“风云变幻”切入，点出中国经济不同于其他国家的诸多原因，并分别分析了通货膨胀、股市、房地产、出口等中国经济最引人注目的多个方面，从而得出结论：中国经济还未触底，而拯救中国经济，只能靠自己。

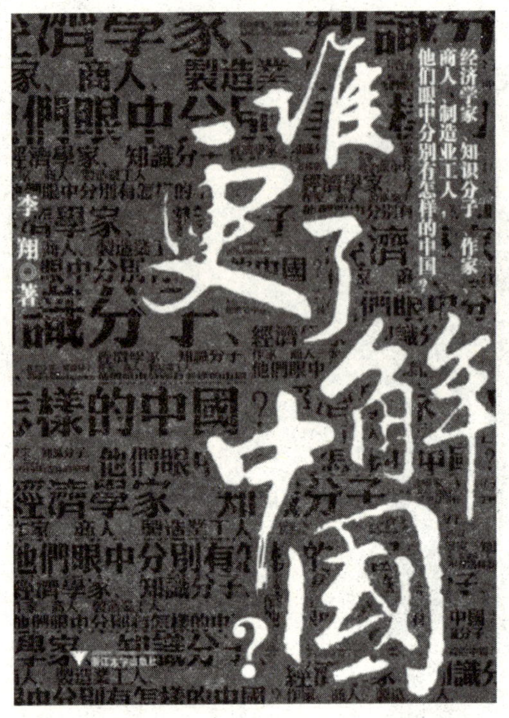

《谁更了解中国？》

作　　者：李翔
出版时间：2010年11月第1版
定　　价：39.00元
ISBN：978-7-308-08004-0

这本书收录了一些当代“英雄”的故事。他们是深刻的经济学家、成功的商人、独立的知识分子和作家，以及随时代大潮浮沉的制造业工人，具体包括张五常、茅于轼、黄亚生、陈志武、谢国忠、许纪霖、袁伟时、展江、谢泳、余华、程永新、凌志军、吴思、王树增、李亚平、韩寒、郑渊洁、王石、沈文荣、郭广昌、李书福……

这些“英雄”无一不在这个纷繁嘈杂的时代坚持各自的选择，尽力不让自己败退。他们并不人云亦云，对这个世界有着自己的理解和追求。他们眼中的中国是怎样？又应该怎样？让这个国家变得更好，这是他们孜孜以求的目标。